繁華滄桑大武漢

歷史文化篇

胡榴明——著

目次

城市之根

城市之光

過往煙雲

城市之根

武昌東湖風景區磨山楚城

一大片挖開後又掩埋的土地，土地上長著草，春天草綠了，秋天草黃了，湖水靜寂，宮殿和城池，沉於你的腳下，但是你也會有感覺，塵和土，風和雨，空氣，太陽，時間還有空間，奔湧在心內，奔突在身外，歷史和文化，傳說和故事。

黃陂盤龍城

人稱黃陂是武漢市的東大門，從長江下游逆流而上，入湖北境內，波濤一路，山水逶迤，兩岸風景如畫屏。夏天，在長江江輪之上，看岸邊稻田、柳樹、水牛，還有村舍前水塘內的白荷花。再往上游，船行不遠，遙遙望見江漢關的鐘樓。

武漢市黃陂區，北部與大別山麓緊密相連，山勢綿延、丘陵起伏；南部濱臨長江之水，平野廣袤，平湖如鏡。城北二十七里，有著名風景地木蘭山，傳說是南北朝異裝從軍女子花木蘭的故里而得名。山石嵯峨，古木參天，山間終年雲霧繚繞，有石階蜿蜒攀登向上，金頂聳起，殿閣森嚴，寺廟道觀建於峰巒之巔，是歷代道教、佛教的朝聖之地。山腳下是碧波粼粼的木蘭湖，平湖千頃，湖光映著山色。

木蘭山離武漢市城中心五十公里，海拔五百八十二米，山間多生木蘭樹，所以得名，後來，這個名字和北朝《木蘭辭》中的女英雄連在一起，更有知名度。山間建有木蘭殿，立木蘭將軍石坊，頂峰建玉皇殿，也和木蘭的傳說牽在一起。

木蘭殿內供奉木蘭將軍塑像；石坊下雕龍上雕鳳，比喻女子賽過男兒；玉皇殿全部石塊壘砌，不用片瓦寸木，堪稱古建築精品。

花木蘭的故事引歷代文人騷客慕名過往，唐代詩人杜甫登山遊覽木蘭殿，題下「彎弓征戰作男兒」的詩句。

自然風光和歷史傳說之外，木蘭山還是一處仙山佛地，佛道兩教在此築廟設壇和平相處。廟宇道觀的興起始於隋朝，興於唐朝，盛大於明朝，曾經有七宮八觀三十六殿，佛像千尊，遍山香火，遍山人跡——佛寺和道觀間雜，神像和佛像相伴，「佛中有道，道中有佛」，此為木蘭山獨特風景。

後來遭遇戰亂，古建築毀去大半，現存殿堂建築十多處，金殿內立有一點八米真武大帝鎏金銅像。

寺廟建築和山上所有建築一樣，山間就地取石，鑿開打磨成塊，石塊與石塊交錯重疊，累砌成一片石頭宮殿。

人力和思維，精神和智慧，也在此中交融累積，宗教和藝術的區分，在這裏也就變得不重要了。

大千氣象，萬般風景，掩映在這方圓數百里的山鄉田野之間，只是，誰也沒有想到，在這一片深褐色的土層底下，埋藏著一座遠古的城池，千年沉寂，與世隔絕，一旦出土，舉世震驚。

一九五四年夏天，一場特大洪水襲擊武漢，為了加固長江大堤，緊挨漢口城區的黃陂縣城西南的一塊土地被列為防汛工程取土場。比較位於江湖沼澤低地的漢口，座落在大別山山脈末端的黃陂，可以稱為長江北岸的「高地」——那一年，隨著準備壘築堤防的土壤由地底浮出到地表——殷商古城盤龍城，就在這樣一種非常偶然的情況下，沉埋三千年重見天日。

最初，零零星星的幾件青銅器，從黑如暗夜的土層下面被人發掘出來，儘管當場無人辨識它們的來龍去脈，但是依然引起了有關專家的注意。進一步的調研則是在洪水退卻後的一九五四年的秋天，從一張一九三二年的五萬分之一的軍用地圖上找到了盤龍城的標記，遠古的神話，漸漸地，離我們越來越近了。

隨著發掘的進行，更多的青銅器、陶器、石器，以及各種器物的殘片陸續出土，數量之多、樣式之豐、形態之異，令人驚歎。

更為浩大的埋藏還在地底，出土器物的規模，標誌著地下宮室建築的規模。

一九五四年開始，數十年來多次考古發掘，撫去厚重的歷史煙塵，沉睡三千年的盤龍古城，向世界展示了她燦爛的容顏。

臥於半月形盤龍湖凹處的盤龍城，因盤龍湖而得名，方形城圈，南北長二百六十米，東西寬二百九十米，整體周邊一千一百米，整座城池面積七萬五千四百平方米。四圍為夯土城牆，城牆內坡緩斜，外坡陡峭，屬古城牆建築規格。

當地農民說，數十年前還能看到，從地底下冒出來的古城牆頭，高於地面達六至七米之高，可以想見其城牆之實際的高度定然十分宏偉。城牆四方，各開一個城門進出。城牆外面挖有濠溝，高牆深壑，易守難攻，和現在保留下來的古城牆建築一般無二。

當時的盤龍古城，其實是為統治者的專屬城池。考古發現：城內東北處有坐北朝南三座大型宮殿的遺址；而城牆外的壕溝以外，則發現有總面積為一百萬平方米的平民住宅和手工業作坊等遺址及商代中期的墓葬群。從這些商代建築遺址的分佈位置，可以推測分析當時的社會制度的建立和規範，等級有別、貴賤區分的奴隸制，從居住位址可以看出。貴族階層居於城內，修造大型宮室，生活驕奢淫逸；而將平民及奴隸趕於高厚的城牆及深陷的壕溝之外，在城外靠近城牆處建屋居住，招之即來，揮之即去，隨時奴役，隨時趨趕，尤其是晚間，令他們中的大多數與君王宮殿寢處遠離，以防範夜間有人聚眾謀反。

這樣的城居格局，和秦以後的封建王朝的城居格局，有著很大的不同。封建時代的城市民居，貴族和平民可以同城居住，相互隔離的只是居所的位置，譬如北京，皇室宮殿和平民居所，以故宮院牆相隔絕，城中城的封建社會城市居民的居住模式——而黃陂的盤龍古城，以它最為真切、最為直觀的形狀，向我們講述一段更為久遠的歷史，封建時代之前的華夏文明發端史。

三座宮殿基址迄今為止已經發掘了兩座，根據實地探測的資料表明，兩座宮殿的建築形式驚人相似，建築在一條南北貫通的中軸線上。對稱形的結構。四周牆基保存完好。前一座宮殿是一間沒有隔斷的寬敞大廳，推測是貴族朝會布政的地方；後一座宮殿的四周有迴廊環繞，中間分隔成四間廳室，推測是寢殿，後宮眷屬寢居之所。

兩座宮殿的建築佈局，與史書記載的「前堂後寢」的建築佈局十分符合，屬於人類階級社會中較高階層特定居室的建築形式，具備了兩種功能，政治統治者的辦公之地以及日常之地，屬於原初階段的宮室建構形式，公務與私所，彼此之間相距太近，容易相互攪擾，這樣的情況，在以後的歷史過程中自然會慢慢地改進。

城外商代遺址，除民居而外，還有數量龐大的釀酒、製陶、冶銅的手工作坊。實地勘察表明，當時這裏的青銅冶煉技術已達到「精湛」的程度。

在這一片古遺址上，民居及作坊居中建築，東、西、北三面有商代中期墓葬群，其中有奴隸主貴族墓一座，墓室中有殉葬奴隸的骸骨三具，隨葬的青銅器和玉器七十五件，墓葬槨板雖然腐朽但未曾銷毀，精緻雕花依稀可見，鑒定為國內至今為止所發見的年代最早的木雕藝術品。

至此，盤龍城遺址出土文物達兩千多件，其中陶器一千五百餘件，青銅器四百餘件，玉器一百餘件，石器一百餘件，其中最令人注目的是一件玉戈和一隻青銅圓鼎，在中國內發現的商代前期同類文物中的體積之冠。其中，銅夔龍紋鉞、銅提梁卣和玉戈尤為珍貴，為我國罕見的文物珍品，曾在泰國、菲律賓和日本等國展出，在國際考古界有很大的影響

越過黃河的商代文明，加速了中國南部長江流域原初文化的解體，本土原始文化讓位於由北方而來的青銅器文化，黃河文明向長江文明的滲透，青銅器代表著一個時代。祭祀等同宗教，由最高的權勢者掌控，尊崇天地人神，典定管轄四方土地和本土民眾的地位。這就是青銅時期的強勢文化，由殷墟遷延至長江之濱，盤龍湖畔盤龍城拔地而起，「商文化存在於中原」的學術定論不攻自破。

盤龍城的千古存在，在於它地理位置的優越。

高空鳥瞰，長江自西向東，流經湖北，至金口，水流向北，悠然一個彎轉，江水曲折處，沙洲堆積，湖泊散佈，浩浩湯湯一片藍色的水，蒼蒼茫茫一片綠色的土，江河之濱立著盤龍城。

經長江支流府河，北可通中原，穿大別山直達商王朝都城，南城與北都相銜；順長江而下，可至大冶和銅陵，豐厚的地下銅礦是青銅文明的根基；溯漢水而上，越古雲夢澤江漢平原，西北去，翻秦嶺，便是黃河文明的發源地。

有專家推測盤龍城之所以在長江流域的興建，一是軍事上的需要，將這座城池作為商王朝南方的一個「衛城」，阻擋南地未開化部落族對黃河文明的武力攻擊；二是經濟上的

需要，長江沿線的銅礦資源是當時國家賴以生存的命脈，除了祭祀使用的青銅大鼎之外，交兵爭戰的武器，日常生活的用具，一切都是銅製品，如同糧食和鹽，一日不可或缺。

專家推測，盤龍城得天獨厚的地理位置令商王朝非常重視，其中，最為重要的是水上運輸之路，於是，銅礦的開採和運輸，銅器的冶煉和運輸，成為盤龍城建城之根本——從城中起運，一路向北，「不到黃河心不死」，這座建於西元前一千五百年的古城，也許就是遠古「青銅之路」的起點。

一九八八年，盤龍城遺址被國務院公佈為全國重點文物保護單位，與北京猿人遺址、西安半坡遺址、安陽殷墟遺址、廣漢三星堆遺址、咸陽秦始皇兵馬俑坑等，一起列入二十世紀中國一百項考古大發現之一。

今天，當你來到這裏，眼前只有大片平壙的土地，沒有宮殿，沒有城垣，沒有民居和作坊，沒有墓葬也沒有壕溝——為了更好地保護這一塊土地上的國家寶藏，出土的古城被重新埋入土下——來於悠遠的時空，歸於悠遠的時空中去。

一大片挖開後又掩埋的土地，土地上長著草，春天草綠了，秋天草黃了，湖水靜寂，宮殿和城池，沉於你的腳下，但是你也會有感覺，塵和土，風和雨，空氣，太陽，時間還有空間，奔湧在心內，奔突在身外，歷史和文化，傳說和故事。

江夏楚王陵

「去故鄉而遠兮，遵江夏以流亡……」

——《楚辭・哀郢》（屈原）

江夏，作為楚地一方的地名，歷史非常悠久。

漢高祖六年（西元前二〇一年）設江夏郡，設沙羨縣，下治塗口（今金口），晉太元三年（西元三七八年）改稱汝南縣，隋開皇元年（西元五八一年）更名江夏縣，遷治郢城（今武昌區）。清康熙時設武昌府，下轄江夏、武昌等十個縣，其中江夏縣下轄金口、紙坊、青山磯等五個鎮，民國元年（一九一二年），廢武昌府，改江夏縣為武昌縣，一九三〇年後隸屬湖北省第一專區，一九七五年劃屬武漢市，一九九五年改武昌縣為江夏區，恢復這一古老的名字。

從古自今，武昌和江夏，兩個地名曾經相互替換互為歸屬，所以人們也將大範圍的武昌稱為「古江夏」。

江夏區，位於長江東南，武漢三鎮西南。巴蜀或是湖廣，來楚地或是穿過楚地去秦中或是去吳地，無論是水路還是陸路，必得經江夏入武昌城，然後轉道北上或是東去，所以稱為武昌（當時鄂州）的南大門。今天武昌城的「衛城」，古時江夏郡的屬地，長江經濟商貿繁盛時期的縮影，古戰場、古城池、古街道、古駁岸（江堤）、古民居、古寺觀、古瓷窰、古墓葬……一千八百年的戰爭與和平的輪徊，金粉沉埋的一塊土，千年的繁華已經沉寂。

從武昌城內出發，沿長江，往上游走，過白沙洲不遠，便是金口古鎮，金口赤磯山古戰爭遺址，這裏是江夏區西北的邊緣。

朝江夏區東北方向去，闊大的平原上丘陵起伏，地理學上稱為「崗壟平原」，長江中下游平原典型地貌特徵。江夏龍泉山隱在一大塊青山黛水之間，藏龍臥虎一千三百餘年，如同遠隔人世的一處仙山瓊閣，很多年，都沒有引起人的關注，近年來，隨著考古工作的深入以及地方政府的重視，恢復重建龍泉山古跡，重現唐宋明三朝代的世象風采，讓人們走進悠遠的歷史，在蒼蒼茫茫的山水之間，在斷壁頹垣的墳塋之間，傾聽古老時空的對話。

湖北龍泉山在古今中外享有盛名的正是明代江夏楚王陵。

有人說：明代皇陵，北南對峙——北京十三陵和江夏楚王陵——評價非常高。

封建社會（包括奴隸社會）的統治者，將「死」看得和「生」一樣重要，生前大興陵墓，期望現世利益於死後的傳承繼續，或是於輪迴轉世中的傳承繼續，從始皇兵馬俑到清東陵，說不盡的華麗和恢宏，一座又一座巨大的陵寢，死寂的宮殿再現鮮活的歷史，千百年來，深山林間，笙歌簫鼓和金粉彩衣，時隱時現，時斷時續，從來都沒有終絕。

龍泉山明楚王陵——明朝（西元一三六八年—一六四次年）九位楚藩王的陵寢。具體位址在江夏區梁子湖的西北岸，距武漢市區僅三十公里，紙坊鎮東二十公里龍泉山天馬峰下。迄今四百七十多年的歷史，建築形式與北京十三陵相仿，為中國中南地區稀有的明代帝王墓和明建築群。

中國古代歷史，明王朝君主也是一個極愛修造陵墓的皇室世家，重要的明皇陵和明王陵共有六處，分別是：北京明十三陵，南京明孝陵，安徽鳳陽中都明皇陵，江蘇泗洪明皇陵，湖北鐘祥明顯陵，湖北江夏明王陵，也稱明昭陵。

六處皇家寢陵，修造格局各有千秋。其中，南京明孝陵，地面陵園保存完好；北京十三陵，地宮發掘舉國驚動。湖北江夏明王陵最令人矚目之處，也許是最大限度地發揮了環境於建築的作用，可以這麼說，明代六處皇室陵寢，江夏龍泉山的天然地勢可以說是最好的。

《江夏縣誌》：「龍泉山古稱靈泉山，因靈泉寺山中有色碧味甘的清泉潭而得名。」龍泉山，聳起於大片平壙之間，並非一個山峰，而是數峰，起伏於高天之下，作龍形盤曲之態；山，連綿逶迤如龍臥，湖，平臥簇擁如海洋。從平原驅車來到龍泉山脈，天青、水綠、山碧，空氣、泥土和植物，這裏的一切都是蒼翠的潮潤的，典型的長江流域風光美景。

龍泉山諸峰，包括雲山、大龍山、二龍山、龍嶂峰、玉屏峰、天馬峰、馬鞍峰等幾個山峰——湖水三面環圍，有牛山湖和三汊港，東面的梁子湖，因盛產「武昌魚」（鯿魚）而聞名於當世。南北兩條山脈相交的凹地，即山間盆地，古人稱為是「二龍戲珠」，認為這裏地勢「山環水繞，林泉鍾秀」，是最適宜人居的「福地仙壤」，自然這句話也適宜於墓葬。

其實，龍泉山這一塊風水寶地，並不是明代才被人開發出來的，作為一處天造地設的陵寢之土，它的歷史非常悠久，早在西漢初年，這裏就成為開國功臣樊噲將軍的墓地了。

漢高祖劉邦將武昌（鄂州）與樊噲為封地，樊噲死後，葬於靈泉山天馬峰下。自那以後，靈泉山的名聲與日俱增，一些崇尚山野風光的富豪以及文士，紛紛地從喧囂鬧市遷來幽靜的靈泉山內建房隱居，漸漸形成街市，除了單純的隱逸之士以外，也引來了市井之士，例如行走的商人和前來謀生的鄉民，時間一長，靈泉古市便誕生了——清同治《江夏縣誌》記載：「靈泉古市始於漢，迄唐宋而興盛」。

令人感慨的是：多少年，我們對龍泉山一無所知，儘管它距離武漢市區並不是太遠。

漢、唐、宋、明，四個朝代，遷來山間谷地居住的達官貴戚多不勝數，著名的樊、李、杜、張、沈、曾、董、鄒八大家，都是退隱閒居官吏，仿效王唯輞川別墅，在這青山秀水之間，建造起亭、閣、軒、榭、寺院、小橋、井臺、魚池、樓堂館所等十二大景觀，例如唐代宰相李奚的「萬卷書樓」，宋代詩人張芸臾的「含山樓」，元代宰相沈如筠的「萬壽台」，或軒昂或玲瓏，或古樸或金碧，山光水影、紅花綠樹的風景映托著，假如當年我們來到這裏，一定會發出「山中方七日，世上已千年」仙遊之歎。但是今天，金彩富麗的小城早已消失，輝煌的建設在時間的灰燼中化為荒嶺間的野花雜草，四望山林靜寂，斷石殘壁，唐磚宋瓦，史書上幾行寥寥的墨蹟，喚起逝去的古城記憶。

留存到今天的古跡只有帝王陵。

楚昭王朱楨，明太祖朱元璋第六子，出生那天，飛馬快報傳來，前線攻克武昌（當時鄂州），朱元璋大喜，說：「將來等我這個兒子長大了一定封他為楚王。」西元一三八一年，朱楨十七歲，果然封為楚王，來到武昌，在蛇山之南，大興土木，建造楚王府，八年完成全部施工，宮室巍峨，上與浮雲齊，遮天蔽日，佔據半個鄂州（武昌）城。

燕王朱棣奪位，各地藩王驚心，為了一方自保和終身富貴，對於皇權北遷的新主子，楚王朱楨使出韜光養晦、謹慎小心的奉迎姿態，令明成祖念及「手足之情」而「懷柔」，於是安享富貴榮華，坐鎮鄂州（武昌）四十三年而善終。史料記載，楚王及子孫，世代居武昌城，生活奢侈，吃穿講究，衣食住行、起居坐臥的習慣和禮節，事無巨細地成為市井坊間的流言閒話。當年，武昌城中，以及長江對岸的漢陽，以及後來漸漸形成為街市的漢口，三鎮居民競相仿效楚王宮室的衣裝飲食，數百年來形成市井民風。

封藩王位於封地的那一段統治時期，也正是帝王文化向民間傳播的一段時期，比較純粹的中央集權制，藩屬地統治者的私人生活方式，更容易流入到中下層社會的民眾中間去。所以，清末民國之後，漢口開埠，有洋人和外鄉人紛紛來楚地生意，每每感歎道：長江漢水之交的武漢三鎮，市風民情，雖則粗獷，但卻大氣，遇事淡定從容，少有莫名驚詫者，似乎經歷過大變化和大場面——猜測，可能是上述的歷史因素。

四十餘年，朱楨在蛇山（當時名觀音山）楚王府，日復一日快樂逍遙，即便是仙山瓊閣、酒林肉池，天長日久終究要感覺憋悶，期間，自然聽說過靈泉古城的名聲，從此每年夏季城中暑熱難耐的時候，他就來離鄂州城（武昌）沒有多遠的山間谷地避暑。那時候，龍泉山已經經歷了唐、宋、元三個朝代的建設，雖位居深山僻地，但是，城居市廓的繁華，山間水泊的靈秀，讓這位位高權重的藩王心底下非常豔羡，常常歎息道：「惜乃陽宅，若為陰宅極佳」——意思是：這麼好的一塊風水寶地，可惜被活人占著居住了，假若能成為我死後的陵寢之地那就最好了」——就是這一句最不講道理的話，成就了明代六大皇陵之一，江夏明王陵的由來。

當年，朱楨倚仗皇室權勢，使出各種手段，逼迫靈泉城中數千戶居民搬遷到山外，然後將一個活生生的民居古城規劃成王陵之地，開始朱氏藩王的江夏王陵建設工程。其工程巨大，可想而知，斷斷續續，前後歷時二百年之久。朱楨死於永樂二十二年

（一四二四），封昭王，葬龍泉山，陵稱「昭園」。自他之後，他的後代，子子孫孫隨葬於此，昭、莊、憲、康、端、湣、恭、巴陵、卓簡九王，陵寢與陵園，保存在地面上的宮殿以及發掘於地下的地宮，成為江夏龍泉山一大人文景觀，吸引著海內外的觀光客。

九王陵大同小異，都是由中央神道（直行道）和東西御道（橫行道）十字相交貫通整座墓園，然後由荷花池、宮殿、配殿、神帛爐、地宮等地面地下建築前後高下連串而成。其中，天馬峰下占地一百餘畝的昭王陵最為富麗：除園門、城牆之外，還建有石龜托碑的碑亭；從漢白玉和白凡石浮雕砌成的拱形城門進入，一路行去，一平方米寬闊的白凡石路面晴天麗日裏亮得耀眼；經過金水河上的白石拱橋、朱氏皇堂、享殿、拜台等一系列彩繪朱碧紅橙金紫的明代建築群，最後終點在地宮之頂。

曾經，明王陵的地上宮殿早已在兵荒馬亂的朝代變遷中被廢棄於荒山野谷，也許是因為地處偏僻的原因，尚有部分建築殘跡零落荒草依然保存完好，漢白玉的柱欄和九龍柱頭，凸浮的雕花石刻，散落在幽靜的空山深谷，綠樹綠草層層疊疊依然覆蓋不住，呈現出當年皇室雕工的精緻與華美。

目前，由地方政府主持的龍泉山王陵的修復工程正在加緊進行，不久，一座宏偉的明代建築群將會逐一定顯露在江夏龍泉山旅遊區，其中包括明王陵地上宮殿和地下宮殿，以及唐、宋、元幾個朝代的名人墓葬群及其它遺存古建築。

武昌黃鶴樓

三國吳黃武二年（西元二二三年），吳主孫權在今天武昌蛇山（當時稱江夏山）建夏口城，築城牆於山嶺峰巒之間，順蛇山匐匐綿延的地脈，城西南角延伸到長江江邊蛇山頭，這裏，山形隨水勢生威，千尺危崖臨江兀立，登高，有飛鳥臨虛之感，所以又名「黃鵠磯」。古時「鵠」與「鶴」兩字相通，於是，當年夏口城西南角樓因地定名為「黃鶴樓」。

當年，吳主創城，意圖很單一，在長江中游平原建一個易守難攻的軍事要塞，西可抵擋蜀漢，北可阻攔曹魏，「禦敵於國門之

武昌黃鶴樓

外」，為的是保障東吳江南本土的國計民生的安定——因為軍事戰略上的重要性，吳國主將周瑜曾經親自來到這裏，率領重兵鎮守夏口城。元代有一齣戲名叫《黃鶴樓》，說的是周瑜在此地設宴企圖誘殺劉備而不成的故事，後來改編成湖北地方戲，楚劇和漢劇，《劉備醉走黃鶴樓》。

群雄並起、天下三分的戰爭年代，黃鶴樓，只是兵戎相見的陣地前沿的哨所。

西晉、東晉、南北朝、隋朝和唐朝，時光如箭鏃，穿透五百年歲月。建在蛇山峰嶺間的夏口古城先改名江夏，後改名鄂州，由單純的軍事要塞，逐漸發展成為一座「官管民居」「建制齊全」的城鎮，因為長江和漢水的航運業，古城日漸繁榮，城市圈也從蛇山上拓展到蛇山下的平野地帶，城南緊靠長江，有城門與漢陽隔江相望，江面桅檣林立，岸上商埠排列。

清同治年間重修黃鶴樓，圖為當時照片。

青石鋪成的沿江道上，行走著南來北往的過客商旅，道邊有石階，可攀黃鵠磯，遊覽黃鶴樓——古時候的黃鶴樓和今天的黃鶴樓相似，離通衢大道不遠，離人間煙火很近。

關於古黃鶴樓，歷史典籍非常豐富，除了真實的史料記錄而外，更有虛幻的民間傳說，例如仙人費文偉吹玉笛駕黃鶴翩然而去的故事。

於是才有了李白詩：「黃鶴樓前吹玉笛，江城五月落梅花。」

黃鶴樓建起至今已有一千七百年；吟誦黃鶴樓的詩詞至今已有一千七百首，李白寫成《送儲邕之武昌》詩。此時距他初遊武昌已三十餘年。其間，李白寫了大量與黃鶴樓有關的詩作，僅存世的即有《黃鶴樓送孟浩然之廣陵》等十六首，在歷代詠誦黃鶴樓的詩人中可能是詩作最多的一個。清人顧景星在《黃鶴樓詩集序》中說：「黃鶴樓唐前不甚著名，崔顥詩未有激賞者。李白天才俊放，見顥詩擱筆，去金陵鳳凰台，擬其體，然後顥詩名，而樓益著」（見楊代曄著《武漢旅遊名勝趣話》）。

古今絕景，文人彙聚。唐人崔顥登樓，只見江天茫茫，家鄉萬里，不禁憂從中來：「昔人已乘黃鶴去，此地空餘黃鶴樓，黃鶴一去不復返，白雲千載空悠悠……」後幾年，李白來此，見壁上題詩，悵然歎息，以為不能超越，遂無詩而去。

詩仙李白居湖北多年，多年來多次登臨黃鶴樓，見崔顥《登黃鶴樓》詩欣賞讚歎不已，後來有《登金陵鳳凰台》一詩，全篇模擬崔顥的詩，包括用詞以及韻律，可見愛之至深，由此成為一個襯托，自唐李白、崔顥之後，黃鶴樓聞名於天下。

一首詩興盛一座樓，這樣的傳奇出在唐朝。

盛世唐朝，從唐太宗的「貞觀之治」，到唐玄宗的「開元盛世」，經濟繁榮，疆域遼闊，成為亞洲文明的中心，四方國土來朝，包羅萬象的唐文化至此抵達頂峰，一個思維自由創造力豐富的時代，詩歌文化和游冶文化隨時代的興盛而興盛——黃鶴樓，以它得天獨厚的地理優勢，成為文人游走天下的必經之地——登樓、觀景、感懷、賦詩……

「一為遷客去長沙，西望長安不是家」（李白），

「故人西辭黃鶴樓，煙花三月下揚州」（孟浩然），

「定知羽客無因見，空使含情對落暉」（賈島），

「城下滄浪水，江邊黃鶴樓」（王維）……

詩詞和遊冶鍛造出來的黃鶴樓文化，從唐代起，直到今天。

唐永泰元年（西元七六五年），黃鶴樓已具規模。這裏「規模」所指，不僅只是一幢樓，而是以黃鶴樓為中心為主體的一個建築群——建築隨著時代的興衰而興衰，隨著城市的興衰而興衰——千年的古城鑄造了千年的古樓，武昌城的歷史也映照了黃鶴樓的歷史。

陸游《入蜀記》，記述西元一一六九年（乾道五年），他從江浙往四川，途經鄂州（武昌）的見聞，此行之中，他也曾登臨黃鵠山（黃鵠磯），「今樓已廢，故址亦不復存。」於是，我們知道，南宋初期乾道年間，黃鶴樓已經片瓦不存，可能是戰亂的原因。西元一一三四年至西元一一四一年，岳飛屯兵漢陽和鄂州（武昌），長江南北這兩個古城曾經是岳家軍和金兵作戰的戰場，岳飛詞有：「卻歸來，再續漢陽遊，騎黃鶴」的句子。但是，其間，黃鶴樓毀於北宋何時？史冊並無記載。

留存了宋代的黃鶴樓圖，可能是戰爭災難到來之前北宋初年間的作品——宋代界畫中的黃鶴樓，建在城牆的高臺之上，雕欄圍繞，主樓高二層，頂部十字脊歇山頂，周圍畫廊涼亭，建築十分雄偉。

宋、元、明、清，古人的畫，不同時代，不同樣式，不同形態的黃鶴樓躍然紙上。

元代黃鶴樓，在建築群的周圍栽植林木，建築群體向園林化發展。

明洪武年，天下一統，歌舞昇平，江夏侯主持擴建湖廣會城（武昌），重修黃鶴樓——古城興，古樓起，明代是黃鶴樓有關史料最為齊全的一個朝代。

歷史上的黃鶴樓，從來都是屢毀屢建，僅明清兩代，就被毀七次，重建和維修了十次，被毀的原因很多，天災和人禍，其實很多天災也是人禍，木構架建築的弱點，無論多麼精美的樓閣也抵不住人為的災變，清光緒十年（一八八四年），黃鶴樓在一場大火中被焚為灰燼，後來在原地修築的奧略樓，規模樣式，遠不能和同治年間黃鶴樓的煥彩英姿相比。

一九五七年，武漢建長江大橋，由漢陽龜山，跨越長江，落到武昌蛇山頭，兩座山，一在江北，一在江南，兩座巨大無比的天然石墩，穩穩地托住了這座萬里長江開天闢地第一橋，支托武昌引橋的蛇山頭自然是黃鵠磯，也就是古黃鶴樓的舊址。

一九八五年，新時代的黃鶴樓重臨長江之畔。

新建黃鶴樓依然坐落在蛇山之上，離舊址後縮一千米，樓高五層，金碧輝煌，朱彩燦爛，七十二根大柱拔地，六十二角飛簷凌空，危乎高哉，氣吞吳楚。

黃鶴樓風景區，即黃鶴樓公園，是融仿古建築群與園林建築、融人造景觀與自然山林景觀於一體的大型風景人文景觀片區，順著橫貫於市區中心的蛇山山勢，從長江大橋武昌橋頭（也就是蛇山頭）起始，至司門口止，首尾綿長，南面緊臨紅樓（辛亥武昌首義紀念館），連接閱馬場首義文化區；北面止於京廣鐵路線，連通二〇〇八年建武昌火車站。

從漢口和漢陽去武昌，車行長江大橋，身下是浩瀚無比的長江，前方是聳入雲端的黃鶴樓，景象極為壯觀。

黃鶴樓，之所以被人稱為「天下絕景」，因為它的所在位置的確是「絕無僅有」，與它並稱為「江南三大名樓」的是江西滕王閣和湖南岳陽樓，但，位於蛇山之上，臨於長江之畔的黃鶴樓，從古至今，它的存在，存在的意義，都是無可比擬的——沒有長江，沒有蛇山，沒有古城武昌，也就沒有黃鶴樓。

一樓大廳大門兩側懸掛著長達七米的由近代書畫家吳作人書寫的楹聯，起句落筆氣勢奪人，述盡名樓古今獨異之處：

「爽氣西來，雲霧掃清天地憾；大江東去，波濤洗淨古今愁！」

只有站在黃鶴樓上，你才能讀懂這一幅楹聯的意思。

岳飛亭

岳飛亭位於蛇山中段，黃鶴樓公園內。

從武昌橋頭進入黃鶴樓景區，順次遊覽的景點是：孔明燈、銅鶴、黃鶴樓、同治年間黃鶴樓的銅質寶瓶頂、世紀鐘、山間石徑、岳飛亭、岳飛銅像、王羲之鵝池、黃鶴古肆（仿古商業街）……

一九三七年，武漢市民在大東門外岳飛廟遺址挖出一塊明代石碑，上刻岳飛半身遺像，刻明萬曆十年（西元一五八二年）雲南太和（大理）張翼先題詩。於是，在蛇山上建亭供碑。

岳飛亭，木石結構，中式古典，六角攢尖，亭額題字「岳武穆遺像亭」，亭內立明代石碑，石柱刻有楹聯。今天，亭內石碑為仿古複製品。

岳飛亭外，岳飛青銅塑像高八米，為當代雕塑家作品。側邊二十五米長青石浮雕，刻「還我山河」岳飛手跡。

南宋名將岳飛在鄂州（今武昌）屯兵駐守七年，以鄂州作為基地三次北伐中原。紹興十一年被處死於臨安（杭州）。

乾道六年（西元一一七〇年），鄂州百姓在今武昌大東門外立忠烈廟祭祀。嘉泰四年（西元一二〇四）岳飛追封為鄂王，忠烈廟改名為鄂王廟（俗稱岳廟）。元代，當政者拆毀鄂王廟。明正德十四年（西元一五一九年）重建。清咸豐五年，岳王廟毀於太平軍攻武昌城的戰亂之中。

附：岳飛詞：《滿江紅・登黃鶴樓有感》：

「遙望中原，蒼煙外，許多城郭。想當年，花遮柳護，鳳樓龍閣。萬壽山前珠翠繞，蓬壺殿裏聲歌作。到而今，鐵騎滿郊畿，風塵惡。兵安在？膏鋒鍔。民安在？填溝壑。歎江山如故，千村寥落。何日請纓提銳旅，一鞭直渡清河洛！卻歸來，再續漢陽遊，騎黃鶴。」

漢陽晴川閣

晴川閣建於明朝初年，與黃鶴樓一江之隔。往來的遊人經常是先遊武昌（古名鄂州）黃鶴樓，然後由漢陽門碼頭乘木船渡江，在龜山腳漢陽城外登岸遊玩晴川閣，或者反之。

山之南，水之北，謂「陽」——漢陽，應該在漢水之北，但是今天卻在漢水之南。古時候，漢水從龜山南流入長江，入江口在鸚鵡洲頭，明憲宗成化年，漢水改道，由龜山北（南岸嘴）注入長江，才有了漢口，但是，漢陽，這個名字，從古代到今天，不會再改。

晴川閣，晚建於黃鶴樓一千多年，歷史文化的積澱不如黃鶴樓那般厚重，但是自建成之後便得四方遊人的傾慕，究其原因，依然是崔顥的詩。

「晴川歷歷漢陽樹，芳草淒淒鸚鵡洲」（《登黃鶴樓》）

崔顥，汴州（開封）唐開元年間進士，少時便才思敏捷，《舊唐書．文苑傳》將他與王昌齡、高適、孟浩然並提，屬於盛唐時期的詩人。關於他的介紹，史錄不多，千古之下，因為〈詠黃鶴樓〉，人們才識得他這個人和他這個人的才氣。清人編注《唐詩三百首》，七言律詩卷，《登黃鶴樓》列為卷首，可見編者對他的推崇。

至於崔顥是如何來到漢江之濱？根據唐代文史中的零星記載，說他曾經離開京城長安，輾轉各地、奔波江湖，為了一個身份卑微的官職，前後二十年，期間，到過楚地。

唐朝地方行政官重修漢陽城，東臨長江，北倚鳳凰山，南接鸚鵡洲，西瀕漢水。開元年間，崔顥來到長江之畔的古城鄂州（今武昌），登上黃鶴樓，那天，天朗氣清，江天浩淼，白雲悠悠，遠望漢陽，綠樹依稀可辨，草色青青處，望見三國禰衡鸚鵡洲。暮色降臨，天光黯淡，天地間的風物漸漸昏昧，「日暮鄉關何處是？煙波江上使人愁」。詩，吟到這裏，已經是一唱三歎了。

崔顥的這一首《登黃鶴樓》詩中，多是關於漢陽的描述，這也是後來人建晴川閣的理由——因一句詩而起一座樓，可見文人對於社會的影響力度。

漢陽顯正街鳳凰巷內生長著一棵古銀杏樹，人稱「漢陽樹」，生長期達五百六十年，樹高二十五米，樹幹周長四點三米，十個粗大的枝幹，投向地面的樹影達三十三點四平方米，巨大的樹冠高高鋪撒在藍天底下，累累森森的粗枝厚葉，汪洋姿肆的綠色在人的頭頂上遮天蔽日。因唐詩人崔顥的詩而得名。

至於「漢陽樹」，崔顥詩裏可能也只是虛指，站在江南的黃鶴樓上，朝江北漢陽這邊看過來，長江面那麼闊大，對岸的樹還有草，未必看得清楚，也許是恍惚一片綠色，也許是詩人的想像，但是這些並不要緊，要緊是詩歌表達的意境。崔顥登黃鶴樓詩，描述的不是身子底下的風景，而是遠處的風景。凡登高者都是如此，登高望遠，每一個登臨者自然而然的抬起他們的視線朝遠處看，向遠方看，這是人本來的追尋。所以，詩的下半篇，描述的全是江上的風景和江對岸的風景。

在他的詩裏，黃鶴樓是虛的，黃鶴一去，白雲千載，給人虛無縹緲的感覺；詠漢陽則是實的，晴川歷歷，芳草淒淒，讓人覺得清晰如近在咫尺，那一天，他遠遠望見，一個綠意蔥籠、綠陰覆蓋的漢陽，生命中的一片綠色，如同他的詩。

當時唐朝，開元天寶年間，有一些文人在漢陽久住。

例如與崔顥同時的詩人羅隱，他曾寫過這樣的詩：「漢陽渡口蘭為舟，漢陽城下多酒樓。當年不得盡一醉。別夢有時還重遊」《憶夏口》，可想而知唐代時的漢陽城已經很繁華。

還有長期羈留楚地的李白，對於漢陽的山川人物，更是徘徊留連不已：「漢陽江上柳，望客引東枝，樹樹花如雪，紛紛亂若絲」（《望漢陽柳色》）；另一首：「我似鷓鴣鳥，南遷懶北飛，時尋漢陽令，取醉月明歸》（《醉題王漢陽廳》），欲說還休地道出自己懷才不遇只能依戀於漢陽山川明月的抑鬱心情。

一山聳翠，二水分流，水勢托著山勢，古城漢陽的以它蘊厚的人文風景，吸引古往今來無數寄情於山水的旅人。

遊覽晴川閣自然是要等得天氣晴好的時候。去時已近日中，漢陽龜山東坡腳下的鐵門關在江畔雄距得虎虎生威，赭紅色的沙石牆面，鐵黑色的陶土瓦頂，城門高拱宏闊，城樓翼角飛騰，正午的太陽耀得一整座關寨熾烈如火，眩目得讓人不敢仰視。據史料記載：「吳魏相爭，設關於此」，吳主孫權為了阻擋北魏西蜀的進犯而建築的一段防禦工程，唐宋明清時這一帶成為商貿聚集的熱鬧繁華之地。明末，鐵門關被毀。此後漢陽臨長江的一段江

漢陽晴川閣

岸從民國初年便漸漸地蕭條冷落下來。《漢陽府志》記述：「（漢陽）三國時為吳用武之地。」由於地處三國古戰場的中心位置，目前在漢陽仍留存著大量的三國遺跡和許多關於三國的傳說。

一百年蒼涼歲月的循環往復，至今也不見繁盛，時代的變遷已經將市井的喧嘩移到了另外的去處，這一段臨江的岸邊仍然冷落蕭條。如今，重立了鐵門關重建了晴川閣，將古跡從悠遠的時空搬回到二十世紀末的今天，不能回返的歷史卻隨江水一起滾滾東去，不可追尋。那天，城樓下的洗馬長街幾乎杳無人跡，一任陽光渲染著大塊面的金色。只有一個我，穿過鐵門關的拱門，走進關旁的晴川閣。

與黃鶴樓遙遙相對，又與黃鶴樓有些不同，這是晴川閣建築的獨特之處。新建的武昌黃鶴樓移到了蛇山的高坡，遠遠望去猶如橫空出世一般矗立得金碧輝煌；漢陽的晴川閣依舊守著江畔，朱柱烏瓦，木廊石台，閒適而悠雅地占住了長江北岸的一地風光水色，真不愧是一座「晴川閣」。

閣樓造在龜山頭的禹王磯上，數級石台之下，萬頃波濤無語流過。主樓的正脊線朝兩端些許翹出，典型的荊楚地區的建築風格，樓頂簷角飛起魚龍獸吻，使得這間臨水的閣子多了幾分飄搖如風的感覺，多了幾分水鄉澤國的靈異之氣——這裏是魚龍的故鄉，是魚龍飛升的地方，雖然如今都掩藏在市井的深處。

一步步走上閣樓，這小小一片清幽之地，沒有神座沒有祭台也沒有香火，只有一座樓，樓畔的綠蔭樓前的流水，樓外的青山藍天和太陽。只有一座樓，憑著迴廊的欄杆，看大江之上金波湧動舟來舟往，唯有江樓靜寂無聲，和泛了金瓦的黃鶴樓遙遙地隔了一道闊大的江面默默相望。

閣樓四周的麻石台基光滑如鏡，茂密的爬山虎綠水一般地湧上石基的邊緣，下去就是沙灘，灘上的蘆葦又青又嫩，江水輕輕地淌來，蘆葦輕輕地搖擺，很美的一種姿態。翹簷下的黃銅風鈴端端地垂掛著不動，一個無風的初夏。

一個無風的初夏，陽光燦燦地映著，閣子內外的朱漆彩繪熠熠生輝，大廳正中懸一幅字，大筆揮灑的「山高水長」，作者清初人毛會建，據說為避明末戰亂流落漢陽，喜歡上這一帶的江山景物，便在龜山腳下的江邊定居，一生致力於興復晴川閣和禹王廟的工作，歸隱山水是那時候落魄士人最好的出路。一片古建築群在明末時期毀於兵火，那時候毛會建面對的應該是一片廢墟，也許他看中的正是這頹廢殘敗的景色，與他末世遺民的心境一致。之後，在清湖廣總督張之洞的宣導下修復的晴川閣更為華麗恢宏，但是一樣地遭遇天災人禍，直到一九四九年，這江邊一片荒涼，劫後焦土，幾乎連斷壁頹垣都沒有能夠留下。

那些年，江邊一片荒涼，岸上長滿蒿草，沙灘長滿蘆葦，春天草青了蘆葦青了，秋天草葉黃了蘆花白了，江流拍打著沙岸，沙鷗在灘頭飛來飛去，沒有樓也沒有閣，只有龜蛇二山峙立得天長地久。

一九八六年九月，晴川閣於黃鶴樓建成後一年落成。

轉過簷下迴廊，來到閣子的背後，台基上撐著四根麻石立柱，這是清代僅存的遺物。好一座轟轟烈烈的建築，剩下了這四根石頭柱子，在那上面似乎可以撫摸到歲月滄桑的痕跡，撫摸到刀創與彈孔，血與火，戰難與災禍……亂世無道，人若草木，一切都可以毀棄，誰又顧得上一座閣樓的存亡？在中國的歷史上，災難的年月實在是太多太多。今天，又是一座轟轟烈烈的建築，立在江邊靜靜的豔陽之下，今天又是一個安定平靜的歲月……不知道有沒有人也會來撫摸這幾根石頭立柱，在下一個幾百年之後。

晴川閣背後，一間小小的庭院是禹王廟，又名禹稷行宮，紀念大禹當年疏江導河的功績——功績成就得太古遠，世俗人心便淡忘不記，前來拜謁的人不多。

殿前小小一間四四方方的園子，擺幾缽盆栽，之中一缽杜鵑，花瓣紫紅，開得鮮妍盛極。

傳說大禹東下治水，分開山嶺，使水流歸大海。龜蛇鎮鎖，兩江交匯。從遠古的神話追溯城市誕生的源流。

晴川閣到長江第一橋橋頭之間一段江灘，修建了一處公園，名叫「大禹神話園」，「大禹治水」主題雕塑群散佈在綠樹紅花之間，背襯高聳的龜山電視塔，側倚鋼筋鐵骨的長江大橋，藍天白雲之下，巨型立體壁雕輝煌奪目壯麗奇偉。

清光緒十七年的春末（一八九一年四月二十日），力倡洋務運動而名震中外的湖廣總督張之洞，在他的鎮守之地漢陽，準備迎接一行自遠方而來的貴客，迎賓酒宴擺在隔長江與黃鶴樓遙遙相對的晴川閣內。

受到如此盛情款待的遠方來客不是別人，他是年輕的俄國皇太子尼古拉，也就是後來俄羅斯帝國最末一代沙皇尼古拉二世。張之洞之所以如此盛情款待俄皇太子，這其中，除了兩國交好的程式禮節外，另一個重要的原因就是以漢口為起源的華俄茶葉貿易——鼓勵口外通商，力促外資引進，是張之洞推行改良新政的重要決策之一。

這一天，天氣非常好，張之洞的心情也非常好，即興賦詩，書贈席間貴客。

「日麗晴川開琦席，花明漢水迓霓旌」。

春花豔陽，旌旗盛筵，江漢之水，水邊晴川閣，一派欣欣然的春光景物和一派欣欣然的人物心情，全都被寫進這一首詩裏去了。

中國近代史上，武漢三鎮舉辦的規格最高的一次國際會晤，地點就選在漢陽晴川閣。

漢正街

武漢三鎮，漢口的歷史最短，後來居上，成為中國近現代史上數一數二的商貿大都會，其中，被稱為「天下第一街」的漢正街，從古自今名揚天下。

明憲宗成化年（西元一四八七年），漢水改道，由龜山北注入長江，將原在山北的漢陽，從此隔到了山的南面，新沖出的這一個入江口，在漢陽這邊，名叫「南岸嘴」，人稱武漢市最美的地理景觀。

大自然的功力可以移山填海，當年，漢江改道，也許只需幾個時辰，大江大河重新相銜，天長日久，沙泥淤積形成洲岸，於是便有了漢口。

明代初期，在長江的北岸，聳起了一座新城，它的誕生，應對中華古國將來的新生與發展，武漢三鎮不能沒有漢口，武漢三鎮不可能沒有漢口。

漢口，隔漢水與漢陽相對，隔長江與武昌相對，扼長江、漢水兩大水道的咽喉，東西南北交匯要衝，舟車商旅經行往復，此後逐漸興盛，明中葉時，與河南朱仙鎮、廣東佛山鎮、江西景德鎮，並稱中華「四大名鎮」。

清康熙年間，漢水北岸因設立巡檢司成為正街，即漢正街，又稱「官街」，漢口漢正街從此始。

從清末漢陽縣誌圖上看：當時的漢口城區，位於長江和漢水交匯地，也就是漢正街方圓一片街區，地圖上呈東邊闊西邊窄的長三角形，武漢人說像一把躺著的「掃帚」，沖積河灘上填起來的一片街市。漢正街平平直直，橫貫於街市的中心，東起長江之濱的集家嘴，西止於漢水之濱的橋礄，全長十餘華里，全鋪青石路面，是當時中國最長最熱鬧的一條商業街。

正是這一條長街，如同一根生命力旺盛的藤，朝四方伸展它的枝蔓，總計，街有三十二條，巷有六十四條，東南西北、橫直交錯如入迷宮，不熟悉的人初來這裏很容易迷失方向。

往南數十條街巷伸向漢水邊的河街和碼頭，往東街巷伸到長江邊的河街和龍王廟，往北街巷一直通向當年還是河湖港汊密佈的後湖（今漢口中山大道以北城區），從那裏可以去漢口北城門。

最為繁華的街巷在漢正街以南，因為由漢水北上到陝西的貨運業特別發達。有這種說法：漢正街是當年的陝西商人發興起來的。不過，從歷史記載及史跡的保存上來看，山西商人及江蘇商人對漢正街的興隆也起著非常的作用。有一點是肯定的，當年來漢正街的經商者，「異鄉人多，本地人少」，用今天的話來講，算是一個「移民城市」。

清人劉獻庭說：「天下四聚」（指商貿聚集地），北有京師，東有蘇州，南有佛山，西有漢口；又說：東部沿海地區，除蘇州外，另有蕪湖、揚州、杭州、江寧，可以為商路分流；而在西部（中華內陸），作為一個商貿集散地的城鎮，「唯有漢口」。

漢口漢正街興盛之日，也是漢江對岸漢陽古城的老街蕭條之時。原因與水路行船有關，同在長江北岸，依長江流向，漢口在漢陽之下，船行長江，若想在兩江交匯處停泊，無論是上游來，還是從下游來，泊漢口比泊漢陽更能讓船工省力。乘船從武昌渡江到對岸，需要躲過漢江灌入長江的那一條洶湧的水流，艄公撐渡，依然順水下漂到漢口。這樣一來，人們自然知道，漢口經營商埠比漢陽更為方便，於是人人爭相入住漢口，即使當時它從沼澤之上浮出來沒多久的時間，一百年，時光流得飛快，荒灘建新城，才有了漢正街。

清末漢正街街市圖，
荷蘭古董商收藏的銅版畫，作於一八八〇年。

清嘉慶，漢口戶籍三點七萬，人口十三萬。

當年老街，縱橫交錯的街巷，一律青石板鋪地，街巷兩邊，青磚黑瓦、雕花門樓的店鋪、會館、宅邸比鄰而建，商賈雲集，市象繁華。

街不算太闊，兩邊店鋪門戶向街心大開，店堂開闊，門陳珠璣，戶列綺羅，店堂背後向裏走，經過天井是住宅是作坊，再朝後走，就會走到街背後的另一條小巷或是另一條小街上去。房舍與房舍之間，街巷於街巷之間，前後左右串通勾連，為的是寸土寸金的地皮。

走出街巷到河街，堤外河面上泊滿大小木船，帆布高張、桅檣林立，沿著石頭砌的碼頭搭著長長的木跳板，上上下下人挑肩抗的貨物，這樣的圖景，直到上世紀六十年代在永寧巷沿河一帶還可看到。

清人詩：「十里帆檣依市立，萬家燈火徹宵明」，道盡漢正街當年景象。

中國大陸的城市、集鎮和鄉村，南北西東，漢口，永遠是一個「中心點」，收購、囤積、運輸，三個環節，缺一不可。漢口具備這「三個環節」的全部需求。海內商家以它為商貿經銷旅途上的「大本營」，有茶葉、煙葉、布匹、藥材、絲綢、瓷器、竹木和桐油……人稱「八大行」。

江蘇淮鹽，水路集於漢口，再由長江入洞庭湖，南下湖廣、貴州；或由漢水北上，樊城起坡，運往陝北、甘肅和隴西。其他商品交易也如此類推。例如茶葉，漢口茶市享有盛名，歷史記載清初漢正街市盛況：「街市每年值茶時，甚屬盛望。屆時則各地茶雲屯霧集，茶棧客棧俱屬充滿，坐轎坐車絡繹道路，比之平日極為熱鬧……」

當年漢口，茶館之多可能位居中國之首，漢正街縱橫穿通的街巷，長江、漢水沿河的碼頭，上下兩層的木樓，樓下大開的店門，樓上連排的隔扇窗，大銅壺方桌白瓷茶盞，說書的賣唱的賣藥的，茶香溢到街上去。

店鋪開得好，東西賣得好，時間久了，就成「老字號」，「老字號」的店鋪和「老字號」的商品，品牌創立的時間不止是十年八年，例如中國四大中藥店之一「葉開泰」，明崇禎年開店。一九二八年油紙傘獲中國國貨一等獎的蘇恒泰製傘店，同治年開店。謙祥益綢布店，汪玉霞糕餅店，藍田寶玉器店，曹祥泰雜貨店，李永興藥材店等都是如此。久遠的歷史，優秀的商品，良好的信譽，加在一起才是「老字號」立足之本。

外地商人來漢口，先是貸房而居，時間久了，生意做好了，人也不想離開了，就在漢正街建房而居，於是就有了淮鹽巷雕花過街樓，也有了漢口山陝會館，漢口人稱「西關帝廟」。

如今，以古正街為中軸線，及沿河大片城區重設內陸商貿驛站，二十世紀末形成漢正街小商品市場。縱橫貫通的古街巷家家臨街鋪面，戶列錦繡，門陳羅綺，車水馬龍，喧嘩熙攘，四海的生意，八方的來客。時光倒流四百年，重返商貿興隆冠中華的明清時期。

漢正街附近，漢水入江口，自古以來的險堤江段，堤內曾有老漢口龍王廟，與上海城隍廟、南京夫子廟齊名，長江中下游三大古廟之一。一九三一年大水，沖毀成一片廢墟。如今，原地重建即將竣工，周邊將擴展為漢水水濱最大的觀景公園，同時恢復淵源久長的老廟街市。

新建龍王廟，朱柱碧瓦，琉金煥彩，基座高壘，殿閣升騰，登臨之上，可觀賞兩江江水在此風雲際會的壯闊景色。

生在長江邊

——在CCTV《再說長江》攝製組武漢新書發佈會上的講話

上世紀八十年代，有一個日本人來武漢遊覽，站在長江大橋上說：「好大一條河啊！」

當時不理解，因為從小到大生長在這一條江邊，並不覺得有什麼特別，後來，逐漸地知道得多了一些，逐漸地知道，我身邊的這一條大江，它，在中國，在世界，在這個地球上，它的偉大。

「波瀾不驚」，我曾經這樣描寫長江，即使是洪峰湧過時，江水照樣平靜、平穩地往下游流淌過去，這就是它的氣魄，無論用什麼形容詞都能不足以形容它的浩大和恢宏。

上世紀初，我祖母十三歲，坐木船從湖南長沙經洞庭湖經長江來到武漢，在漢口花樓街附近碼頭上岸。

上世紀四十年代，我母親十八歲，坐川江輪從重慶朝天門出四川沿長江而下來到武漢，在漢口江漢關碼頭上岸。

我的父親生在江漢平原，沿長江最大的支流漢江來到武漢。

推開武漢市每一戶市民的家門，每一個武漢人都可以對你們說一個關於長江的故事。

長江，對於武漢人來說，真正的是「血緣相親，水乳相融」，沒有長江，就沒有武漢，沒有長江，就沒有我。

一九五三年，我的父親採訪荊江分洪工程並出版著作《荊江分洪》，他是第一個用書本向人們介紹長江第一座控制洪水水利工程的人。

直到今天，我還記得一九五四年長江大水，幼稚園阿姨帶著我們一群「小朋友」從水淹的幼稚園撤離的情景。

從漢陽龜山頂俯瞰長江和長江一橋，對岸是武昌。

從小時候的輪渡過江，到今天的四座長江大橋，五十六年，武漢的變化，就不用我細說了。

最後說一句，我真心地認為：生長在長江邊，我是有福的。

城市之光

漢口民眾樂園

辛亥革命，黎元洪功不可沒，沒有他，沒有湖北省諮議局議長湯化龍，沒有武昌起義的中堅人物吳兆麟、蔣翊武、劉公、孫武、熊秉坤、蔡濟民、李翊東、詹大悲等革命志士，也就不會有辛亥革命的成功。身為一個湖北人，怎麼能不尊重歷史，漠視或貶低湖北籍先輩黎元洪等偉人的功績？

庚子年間張之洞

災難深重的庚子年

一九〇〇年，夏天，六月，中國北方大旱，山西、河北，天不降雨，田地莊稼大片大片枯死，頭頂上驕陽似火，心中焦躁如火，自給自足的農業國，中國百姓，農民和城鎮居民，以田地為生，靠老天爺吃飯，每一個災年都能將他們推向絕境，災荒降臨，禍難降臨，天災人禍，聯繫緊密的孿生體。

饑饉難耐的老百姓，胸中的積怨向誰發洩？

豪強、官吏、朝廷？

他們不敢。

於是，遍布中國的洋人和洋教成了他們的對社會不公對生存不滿的發洩口。

艱難的生活，災荒的歲月，如同一根導火索，點燃中國社會最底層民眾的憤怒——這就是義和團運動發生的源頭。

幾千年的內陸封閉，地大物博，耕織文明，黃土地文明，不知海外有仙山，天朝上國，唯我獨尊，鴉片戰爭，洋人的大炮轟開了國門，清王朝腐朽得不堪一擊，整個大清王朝沒了面子，整個國民也跟著沒了面子，百姓的屈辱其實是朝廷的屈辱，天災到來，災荒到來，政府沒有應付災難的能力，沒有拯救民眾於水火的能力，不等於它沒有玩弄權術調轉矛頭所向的能力。

一九〇〇年五月十二日，直隸淶水（今河北淶水縣）義和團焚燒教堂和教民房屋，殺死三十餘戶華人教民。

一九〇〇年五月三十一日，清政府同意各國派兵入京保衛使館，當晚，英美俄日法意等國官兵三百多人，自天津抵達北京。

一九〇〇年六月二日，北京義和團焚毀麥加利銀行，天津義和團焚毀蘇家橋教堂。

一九〇〇年六月四日，各國公使再次電告本國政府請求援助，同一天，保定外國工程師被義和團攻殺劫掠，死傷三十餘人。

一九〇〇年六月十一日，清甘軍（清廷西北武裝軍隊）士兵在北京永定門殺死日本公使館書記杉山彬並開膛破肚。連日來義和團大批湧進京城，在北京焚毀教堂及商埠。

一九〇〇年六月十三日，義和團在北京焚毀教民房舍，殺死教民（大多是華人）三百餘人。

一九〇〇年六月十五日，北京義和團圍攻西什庫天主教堂。天津教堂全部被焚毀，包括著名的望海樓教堂。

一九〇〇年六月十六日，義和團焚毀北京前門外千餘座房屋，大多是華人商埠和居屋。

一九〇〇年六月二十日，德國公使克林德在北京崇文門大街被清甘軍士兵殺害。清軍和義和團圍攻北京東交民巷使館區及北堂（教堂）。

一九〇〇年六月二十一日，清政府下詔，對西方十一國宣戰。

（以上史料引自張偉建著《最後的神話》，作家出版社，一九九九年）

北京東交民巷攻守戰

關於這段史實，曾經我在〈北京東交民巷〉這篇文章裏寫到過：

「一九〇〇年，農曆庚子年，光緒二十六年，慈禧太后與西方各國交惡，不顧朝廷重臣的勸阻，向十一個西方國同時宣戰，慫恿民間組織義和團武裝出擊，在北京城內燒殺搶掠，屠戮平民數萬人（包括外籍以及華籍的教民和非教民），向東交民巷使館區發起全面攻擊。

義和團唱著歌謠：「吃麵不擱醬，炮打交民巷」展開攻擊，先後攻陷並焚毀東交民巷東端的比利時、奧地利、荷蘭、義大利四國使館駐地，然後聚攻英、法、俄、日、德等國使館區。

未被攻下的幾國使館內聚集著本使館人員以及逃來避難的其他幾國使館人員，除外還有在京的外籍人士及中西教民數千人。

西方使館職員每個人都成了戰士，全副武裝，荷槍實彈，以使館

張之洞創辦湖北重工業基地——漢陽鋼鐵廠（資料照片）

區的圍牆和房屋為堡壘，與牆外的義和團暴民槍彈對擊，頑抗五十五天，直到八國聯軍攻進北京。

義和團和清兵的屠殺被終止，八國聯軍的屠殺開始……」

這一期間，義和團和清甘軍的所作所為令人髮指，濫殺無辜，例如在河北保定，兩天之內（六月三十一日—七月一日）接連殺死十五名外國傳教士，還有一系列的破壞行動，諸如搗毀教堂，焚毀教民或非教民的住宅和商埠，搗毀洋行以及大使館和領事館，毀壞鐵道和工廠等等他們認為凡是洋人帶來的一切物體，其中，對於生命的屠戮尤其野蠻殘忍。

壓抑已久的民眾破壞性行為如原上的野火，在清王室的縱容下肆無忌憚地蔓延，從中國北方黃河以北，一直到中國南方長江流域或更南，湖北、四川、江西、湖南、浙江、江蘇、福建也接連發生多起火燒外國教堂等民眾性騷亂。

英國駐漢口總領事館

六月十四日，英國駐上海代理總領事華侖報告英國外交大臣，建議：「我們應立即與湖廣總督取得諒解，我完全相信，倘若他們能夠信賴帝國政府的有效幫助，那麼在他們所轄區城內，他們將要做到他們能夠做到的（即以行動）來維持和平。」

十六日，英國外務大臣在倫敦電複上海華領，指示他馬上按照上述的方案行事。

華領當即與駐漢口英總領事取得了聯繫，命令他馬上聯絡湖廣總督張之洞。

至於為什麼看准張之洞？那就是英國人近幾年來對這位湖廣總督的觀察和瞭解，他們相信這位洋務運動的先驅者是絕對有辦好這件事的願望和魄力——事態的焦點轉向湖北。

駐漢口英國總領事法磊斯（SirE・D・H・Fraser）親自坐船過江來到湖廣總督府，和張之洞商談如何應對當前局勢。

那一晚他們談得很好，雙方有很多共通點，英總領事因為職責所致，必須保護本國在長江中下游地區的經濟和政治的利益，包括在華英國公民的人身安全，他當然不願意在自己的轄區遭遇到類似河北、山東、以及京津地區那樣的民眾性的武裝騷亂，他執行英外交大臣和英駐上海總領事的建議，利用中國地方政府的力量，控制眼前事態的發展。

湖廣總督張之洞也深知其中的利害，當即答應了英國駐漢口總領事的請求——保境安民，這是一件對大家都有好處的事。

自鴉片戰爭以來，中國國內政局顛沛數十年，東南地區暫時的安定來之不易，國力虛弱不堪一擊，無論是外來的打擊還是內部的騷亂。

一八八九年，兩廣總督張之洞上書清朝廷，力排眾議，取得「在中國腹地的鐵路修築權」，同年調任湖廣總督，來湖北上任，大力推行「新政」，鼓勵外資引進，擴大華洋貿易，鼓勵華商投資，以湖北為試點，大興近代工業、交通、能源等經濟建設，十一年來，在湖北投入大量財力和物力。

一九〇〇年，蘆漢鐵路已經快鋪到湖北，漢陽鋼鐵廠和兵工廠已經建成投產，萍冶煤礦和大冶銅礦，湖北制幣廠和湖北繅絲廠；漢口新城區建設如火如荼，其中有張之洞主持修築的阻擋洪水進入城區的張公堤，有擴大城區版圖的後城馬路（今中山大道），有撥官銀萬兩協助華商集資建設的漢口水廠和電廠，另外有大批官商工業投資建設專案正在完成之中，還有優先於全國的教育改革，創辦現代化的學校和圖書館。

一八八九年張之洞督鄂（任湖廣總督十九年）被視為武漢現代化發展歷程的重要界標。

張之洞主持制定《東南互保章程》

一九〇〇年六月底，清廷詔書下達到湖北。

同時向十一個國家宣戰？如此癡傻癲狂的決定只有慈禧這樣的女人才做得出來。

對她，張之洞已經沒時間作評判了，眼下最要緊的是如何面對一紙詔書？

違抗朝廷的命令，殺頭誅族的大罪，但是，倘若遵照執行，後果不堪設想，更大的災難將會降臨，整個中國將會陷入內戰和外戰的血泊火海，一切都將毀滅，改良主義新政在湖北的成果將會化作煙塵與粉末。

慈禧對自己是有恩的，但是不能夠因為私人感恩而置國家、國民以及自身於不顧，張之洞是個明白人。

有人說張之洞之所以「抗命不遵」是為了自己的私心謀畫，保住新政的成果也是保住自己的權位。

這話說得太不近情理。完全沒有站在那個時代設身處地地為歷史人物著想——封建王朝，身為朝廷命官抗旨不遵是要掉腦袋的，難道非得讓他對洋人開戰把湖北省百姓拖進暴亂的水深火熱中去才叫做了一件正確的事？

依據上文史錄，六月二十一日清廷詔告之前，張之洞已經做好了「拒不執行」的打算。

《東南互保章程》簽署另一位起重要作用的人物盛宣懷出場。

江蘇人盛宣懷，清廷重臣，輪船招商局督辦、鐵路公司督辦、漢冶萍煤礦廠公司督辦，中國通商銀行和中國第一所現代大學北洋大學創建人，中國紅十字會創建人及第一任會長，接任漢陽鐵廠管理工作，並且主持蘆漢鐵路修築，晚清自強派重要人物，當時因為事務的關係，和湖廣總督張之洞聯繫十分緊密。

六月二十一日當天，盛宣懷電報發給湖廣總督張之洞、兩廣總督李鴻章、兩江總督劉坤一，提議南方督撫與上海領事館協商「東南互保」。

這一提議立即得到眾人熱烈回應，南方的張之洞、李鴻章、劉坤一等，加上北方的袁世凱，全是當時中國高層社會中的精英人物，朝廷的昏饋腐朽令他們痛心不已，現實的悲劇是，他們都是這棵朽木上結出的果。

大家商議最後作出的決定是：讓朝廷的詔書見鬼去吧！

當然，話不敢這麼直白地說。

大意是：眼下時局動亂，方民變迭起，京城暴民橫行，此詔書可能是暴民挾制皇室擬定出來的，意在挑撥華洋矛盾，挑起國內外動亂，陷我中華於水火，我等切勿輕信。

目前，我東南各省（含上海）撫督一定要以國家安危為大局，以靜制動，保境安民，轄制地方，等待京城暴亂平息，等待太后和皇帝的訊息。

依然由張之洞出面，和漢口英國總領事協商此事。

漢口英國領事館是英國在華一個重要工作點，管轄地區包括湖北及周邊的中南數省，在一九〇〇年的庚子事變中，與湖廣總督張之洞有過很好的配合，將中國南北省重要官員的意見和建議送達上海英領事館，然後將上海各國領事的協商的意見傳達給張之洞而後傳達給各省督撫。

當時（一九〇〇年六月到八月），北京英國公使館以及西方各國大使館被清軍和義和團包圍，根本不可能和外界通信息，這樣的情況下才顯出湖廣總督張之洞的重要以及漢口英國領事館的重要。

具體的傳達方式是，張之洞匯總南方各省督撫意見，交由上海道余聯元送達西方各國駐上海總領事館，主要是英領事館；同時，漢口英領事法壘斯也向上海領事華侖彙報議事情況。

六月底，由張之洞倡議，東南地區各督撫回應，漢口英國總領事以及其他各國駐漢口領事會同駐上海各國領事館官員協商一致，協定順利簽成，這就是在中國近代史上著名的《東南互保章程》。

章程共有九個條款，主要內容是拒不執行朝廷宣戰詔書，制止和預防地方動亂，保護西方各國在華的利益和人員的人身安全，保護地方安全，維持和平正常的社會秩序。

具體內容如下：

一、上海租界歸各國共同保護，長江及蘇杭內地均歸各督撫保護，兩不相擾，以保全中外商民人命產業為主。

二、上海租界共同保護章程，已另立條款。

三、長江及蘇杭內地各國商民教士產業，均歸南洋大臣劉（劉坤一）、兩湖總督張

（張之洞），允認真切實保護，並移知各省督撫及嚴飭各該文武官員一律認真保證。現已出示禁止謠言，嚴拿匪徒。

四、長江內地中國兵力已足使地方安靜，各口岸已有的外國兵輪者仍照常停泊，惟須約束人等水手不可登岸。

五、各國以後如不待中國督撫商允，竟至多派兵輪駛入長江等處，以致百姓懷疑，藉端啟釁，毀壞洋商教士的人命產業，事後中國不認賠償。

六、吳淞及長江各炮臺，各國兵輪不可近台停泊，及緊對炮臺之處，兵輪水手不可在炮臺附近地方練操，彼此免致誤犯。

七、上海製造局、火藥局一帶，各國允兵勿往遊弋駐泊，及派洋兵巡捕前往，以期各不相擾。此軍火專為防剿長江內地土匪，保護中外商民之用，設有督巡提用，各國毋庸驚疑。

八、內地如有各國洋教士及遊歷洋人，遇偏僻未經設防地方，切勿冒險前往。

九、凡租界內一切設法防護之事，均須安靜辦理，切勿張惶，以搖人心。

半世紀以來的中國歷史教材把這一章程抵毀非常不堪，但從來就沒有給年輕人閱讀其中全部內容，無論從哪個角度來看，上述九個條款，無一條有不合理之處，阻止暴亂，給予城市居民一個安定的環境，生活和工作，其中包括來中國的外國人，也應該讓他們享有國際公民的起碼權利，這是一件合情合理的事。

因為張之洞卓越大氣，湖北全省，漢口、武昌、漢陽三鎮，免受庚子年暴亂的影響和侵襲，城市建設繼續，居民生活安定，這是上天賜給武漢人的福分。

在這場波及廣泛的大騷動中，在這場清朝廷直接參與的舉國大動亂中，張之洞立潮頭而不倒，充分展現出他的大氣度和大魄力，如果說湖北新政讓他成為中國歷史上了不起的經濟家，那麼庚子事變讓他成為一個雄圖遠見的政治家，雖說《東南互保章程》凝注了眾多人物的意願，但是，率先頂住風頭的那一個人的確是很了不起。

抱冰堂

抱冰堂，位於蛇山中段南麓，先屬首義公園，文革中毀壞嚴重，一九八五年修復，二○○○年，劃入黃鶴樓風景區（黃鶴樓公園）。

《吳越春秋．勾踐歸國外傳》：「越王念復吳，仇非上旦也。苦身勞心，夜以繼日……冬常抱冰，夏還握火。」形容心存志向不畏艱難也要達到目的。

張之洞晚年自號「抱冰老人」，抱冰堂的命名由此而來。

張之洞，晚清著名洋務派（也稱自強派）領軍人物，湖北新政倡導者，一生致力於中國近代化建設，一八八九年從廣東來湖北，在湖北省和武漢三鎮大力推行新政，興修鐵路，發展外貿，創建工業基地，興辦新式教育，支持民族工商業，辛苦勤勉，死而後已。

一九○七年，張之洞調任軍機大臣，奉召進京離開湖北。

湖北幕僚集資，一九○九年夏季建成抱冰堂，感念恩師厚德。這年十月，張之洞病逝。

一處包含庭園在內的中式古典館堂建築，一九五三年、一九八五年，二○○二年，前後三次修整。

磚木結構，石砌台基，粉牆黛瓦，紅漆木拄和木門，五間寬，三間深，外廊軒敞，沒有欄杆，簡樸通透，門窗雕花精細靈動，簷下書「抱冰堂」三個金漆大字，石階下，兩側各立一隻造型生動的石獅。

庭院中，堆砌假山，遍植花木，這裏是蛇山南坡，樹木花草十分茂盛。

抱冰堂現在是張之洞陳列館。

湖北省圖書館

湖北省圖書館：武昌武珞路四十五號，現為湖北省圖書館。

建於一九〇四年，由湖廣總督張之洞創辦，為中國最早建立的省級公共圖書館。

由繆恩釗、沈中清設計，袁瑞泰營造廠承建施工，鋼筋混凝土結構，地上二層，地下一層，建成時間一九三六年。

有人說是一幢中國古典式建築，當然是亂說一氣，也有人說是中西結合式，也不確切，我認為這是一幢地道的西式建築，只不過是在外觀上某一部分採取中國古典建築樣式，例如綠色琉璃瓦歇山翹角屋頂，以及簷下的斗拱，但是，這也不能說明它就是中國式的。

除了那一個中式大屋頂，還有很多讓人感覺到中國風的細節和歐洲古典主義大基調自然流暢地融合在一起。正立面橫貫臥在蛇上南坡，以幾個層次的臺階虎視山腳下的長街和長街上的車輛行人，碧瓦灰牆如宮殿一般的建築，古雅蘊籍的氛圍感染著由臺階下一步步上攀到這門前的每一個人。

兩側灰色的附樓，外牆假麻石粉直頂，牆上每一間隔都雕刻著凸凹的牆面花飾，一種中西混合的石雕風格，鳥的身子和頭，窗框和簷下都有精美的線角。中部突出的主體樓段，四根立柱向上，直撐二層以上的簷下，柱頭採取中式立柱華表式的兩翼張開的柱頭，當然所有的建築工藝和建築技術都是西式的。主樓牆面和兩側附樓牆面上的線條，採用純西式的牆面粉飾方法。正面底層入口處開三個門，直角方框，玻璃門扇。

二層設外廊，正中懸一個中式小陽臺，作為下面主入口頂上的門鬥。

整幢大樓的平面也很寬闊，因為前後左右沒有其他建築的遮擋，所以建築物的四面八方的構圖設計都不能忽視。中式和

湖北圖書館位於武昌蛇山南坡

西式，東方和西方，方框和直角和圓形，凸出和凹下，立柱和線角，臺階和門和窗，立體雕塑和牆面浮雕等形成一個渾然天成的巨大建築整體。

清末，由張之洞倡導，湖北巡撫端方督辦的鄂省圖書館，於一九〇四年八月開館，館址初設武昌蘭陵街，後遷址於博文書院，彙集清代及之前各書院、學堂遺存書籍設南、北兩個書庫，同時開館閱覽，採用西方近代圖書館營運模式。期間，改名湖北圖書館。

一九二六年後，更名湖北省立圖書館。此後歷年提倡歐美公共圖書館的辦館方式。一九三四年籌建新館，一九三六年九月在蛇山抱冰堂下建成的宮殿式建築館舍，總面積二千餘平方米，館藏書刊增至十餘萬冊。

一九三八年七月，奉省政府命西遷鄂西。館長談錫恩領導西遷全過程。水路經宜昌到秭歸，將館藏珍貴古籍密藏深山岩洞；普通書籍經巴東轉公路運至恩施；古書拓片藏於興深山。一九四一年三月將全部圖書、版片運抵恩施。每到一個地區，都盡可能開放圖書借閱。整個西遷過程，艱苦卓絕、可歌可泣。此後在恩施堅持開館七年。

武漢淪陷地的館舍原址，汪偽市政府另行開辦武昌圖書館，改名湖北省立武昌圖書保管處，最後定名為湖北省立圖書館至一九四六年。

抗戰勝利，省圖人員和全部圖書於一九四六年八月從恩施遷返武昌，著手恢復業務，更名為湖北省立武昌圖書館。因為內戰，困難重重，一九四八年一月對外開放。以後連續兩次館舍駐紮軍隊，再次被迫閉館。至一九四九年五月，館藏書刊三十萬冊。

二〇〇六年，館舍面積近三萬平方米，館藏總量達四百多萬冊（件），其中古籍善本四十五萬餘冊。

關於湖北省圖書館（一九〇四年至一九四九年）建館史，節引自《湖北省圖書館百年紀事紀略》一文。

辛亥起義門

起義門，原名中和門，位於武昌首義南路南端，武昌古城九大城門之一。中和門是武昌城南向大門，也是九大城門中唯一保存至今的一個城門，現為省級文物保護單位。

古時的武昌城，並不是如今天這樣坦蕩蕩浩湯湯立於長江南岸，而是沿著市區的周邊築一圈高而厚的城牆，青磚厚牆，將古武昌圍得如鐵桶一般，東南西北，四方八面，九個城門，固若金湯，城內是官衙是學府是商埠是民居，城外是田地是田野是山嶺是湖泊。

先前武昌城不大，從長江岸到大東門，從蛇山南麓到今天的首義路南端，之間南瓜形一片，就是當年的古武昌，城牆圍繞著一塊城區，大東門、新南門、保安門、望澤門、竹欽門、平湖門、漢陽門、草埠門、小東門。

一五三五年（明嘉靖十四年），都禦史顧磷重修武昌城，改大東門為賓陽門，新南門為中和門，望澤門為望山門，竹欽門為文昌門，草埠門為武勝門，小東門為忠孝門。

清光緒年間，湖廣總督張之洞在中和門和賓陽門之間開出一個新城門——通湘門，設火車站城門外，直通湖南，所以得名。

城門名改來改去，老百姓不管那些，想怎樣稱呼就怎樣稱呼，怎樣順口就怎樣叫，所以，後來的人得把前後改動記得爛熟，例如大東門沒人叫它賓陽門，小東門沒人稱忠孝門，而武勝門民間多稱草埠門，如此等等。

一九二六年北伐戰爭，吳佩孚和葉廷、唐生智在大東門城外打得昏天黑地，北伐軍圍武昌城四十天，城內居民餓死，城外軍人戰死，屍體堆積，炮火掀天，戰爭就是災難。進城之後的國民政府，一聲令下，毀掉全部武昌城牆，糟蹋五百五十年的歷史古跡。中和門（一九一二年更名起義門），因為記載辛亥歷史而特許保留——一圈城牆倒塌了，剩下一個空空的城門，留在城邊邊的荒山坡上，孤獨不孤獨？就不關誰的事了。

一九一一年十月十日夜晚，湖北新軍工程營發難，佔領楚望台，攻下中和門，迎接南湖炮隊進城，接下來猛攻清廷湖廣總督府，佔領武昌全城，控制蛇山高地，武昌起義成功，三鎮光復。

辛亥革命勝利之後，中和門被譽為「革命勝利的開端」。民國元年，改名「起義門」。

段祺瑞督鄂，改回「中和門」，顧慮「起義」兩字的含意。

一九四九年後，恢復「起義門」名稱。一九五六年，公佈為省級文物保護單位。

一九五六年、一九八一年、一九九一年數次重修。修復後的城樓高十一點三米，城門高七點一米，寬五米，鋼筋混凝土仿木結構，重簷歇山頂，使用原有城牆磚，門洞上方嵌大理石匾額，葉劍英題寫「起義門」三字。

二〇〇六年，在起義門前方挖出甕城遺址。

二〇一〇年，開始楚望台遺址公園工程建設，規劃是，以起義門為中心，往東兩百三十米建廣場和園林，往西複建一段仿古城牆。另外，準備在蛇山北麓重建武勝門（即草埠門），與起義門遙遠相對，中軸兩端，中軸穿越武昌城，中間是紅樓和閱馬場，沿著這道軸修一條闊路，沿途景觀景點，二〇一一年竣工。

起義門原名中和門，武昌古城南城門。

鄂軍都督府

鄂軍都督府，湖北諮議局大樓，即或湖北軍政府大樓。一九八一年，為紀念辛亥革命七十周年，闢為辛亥革命武昌起義紀念館。武漢人稱「紅樓」。一九六一年，國務院列為全國文物重點保護單位。

紅樓位於武昌閱馬場北部，門前立著孫中山銅像，建於一九〇八年，占地二十八畝，建築面積六一九九平方米，房屋十一棟，包括主樓和附樓，屋前有廣場屋後有花園。

磚木結構，紅磚清水外牆，坐北朝南，主樓瓦頂上有一個灰色的覆盆狀頂的瞭望塔，專家說這個塔樓是鐘樓，「頗具歐洲古典市政廳風格，但局部採用中國古典手法，可謂中西文化交融的產物。」

主樓台基為花崗岩石，高出地面，以扇面撒開形的階梯向上。主樓和附樓面對廣場正立面全為外廊設計，上下透空的構築與建築莊重正式的樣式相揉合，四根方柱直頂簷下，柱頭雕花，山花雕花，附樓簷下拱券相間的花飾，全部為白色，大面積紅磚，白色雕飾為點綴，整幢大樓色彩明豔奪目，高貴典雅的歐式古典建築風格。

湖北軍政府大樓分辦公與生活兩部分，主樓及附樓為會議廳及辦公室，主樓正中為方形會堂，講臺坐北朝南，設有軟座一百三十二席和木製弧形長桌，地面由北向南逐步升高成扇形。如果從二層進去，你就會站在最後也是最高一層聽眾席上，從上往下，往大廳的中央，看著會議的主持者。

原為清廷「湖北省諮議局」大樓，始建於清光緒年間三十四年（一九〇八年），辛亥革命武昌起義後，革命黨人在此設立湖北軍政府，督請湖北新軍總督黎元洪棄舊圖新，擔任湖北革命軍領導人，即鄂軍都督，所以又名鄂軍都督府。

當年，武昌舉義革命黨人在這幢樓內舉行重要軍事政治會議，通電全國宣佈起義成功，一天之內十四省回應，後來十八省回應；指揮

辛亥革命鄂軍都督府，民間稱紅樓，背靠蛇山，面對閱馬場。

三鎮軍民歷時四十一天陽夏保衛戰，對抗清軍反撲；黎元洪接待從香港轉道上海來湖北的黃興，並在閱馬場舉行「拜將儀式」，任命黃興為陽夏之戰總指揮；宋教仁來湖北，在這幢樓內擬定《中華民國鄂州臨時約法》（《鄂州約法》），這是中國歷史上第一個民權憲法草案。

辛亥革命期間，在紅樓主持工作的湖北革命軍政府領導人有黎元洪、湯化龍、宋教仁、吳兆麟、蔣翊武、居正、劉公、孫武、蔡濟民、李翊東、高元藩、張振武等。南京臨時政府成立前近三個月內，紅樓曾一度代行中央政府的職權。

一九九八年設為紀念館以後，樓內設「辛亥革命文物史跡展覽館」，陳列的有軍政府大門、軍政府禮堂、黎元洪住房和會議室。黃興召開軍事會議的房間，孫中山會見湖北各界軍政要員的房間。展廳有珍貴歷史文物五百多件。

紅樓前面閱馬場中央立辛亥革命紀念碑。

武昌起義陽夏保衛戰

陽夏之戰，也稱陽夏保衛戰，辛亥革命武昌起義系列戰事之一，而且是其中進行時間最長、牽涉的地區最多，動員的民眾力量最大的一場戰事。

一九一一年十月十日，湖北革命黨人在武昌發動推翻清廷封建王朝的武裝起義，史稱辛亥起義，隨即在武昌閱馬場紅樓（湖北省諮議局大樓）建立湖北革命軍政府，督請湖北新軍協統黎元洪出任軍政府都督，向全國發佈電報文告，一天之內，中國大地風雷震動，全國十四省先後宣佈獨立，脫離清王室統治，建立革命政權，回應辛亥革命武昌起義。

起義最初，戰事發生在武昌城：湖北新軍工程八營發難（武昌紫陽湖畔，現湖北省總工會院內）、攻克楚望台軍械庫（武昌梅亭山，起義門外二百米），攻佔武昌中和門（今起義門，首義南路頂端）、攻佔湖廣總督府（十月十日當晚被毀，故址在武昌都司湖畔今武漢音樂學院校內）、佔領蛇山奧略樓（已毀，故址在蛇山黃鵠磯今武漢長江一橋橋頭堡橋基處），武昌全城光復。

隨後幾天，戰火燒過長江，迅速蔓延至漢口然後是漢陽，革命軍和清政府武裝在這兩大城鎮市區及市郊的多處地點展開長達四十一天的戰鬥。「陽」：漢陽；「夏」：漢口古稱夏口。「陽夏之戰」因此得名。

湖廣總督府被革命軍攻陷之前，湖廣總督瑞澂帶著家人和親兵從牆洞爬出府邸，逃到停泊在長江江邊的楚瑜號軍艦，下令起錨轉舵到對岸漢口，緊貼著長江北岸江堤的英國軍艦尾巴上停泊，派人上岸到英租界寶順路（今漢口天津路）英國駐漢口領事館（今天津路十號樓），給英駐漢總領事葛福（HerbertGoffe）送信，請他向北京英國公使館（今北京東長安街十四號公安部大院內）告之事變的發生，請求英政府的支持，希望駐漢口長江邊的英國海軍艦隊參戰，炮轟武昌起義軍，挽回清王朝統治在湖北武昌的敗局。

葛福當即電告北京英國公使朱爾典（JohnNewellJordan），朱爾典指示英國在華海軍「給以他（瑞澂）力所能及的一切援助」。幾天之內，長江上聚集十六艘外國軍艦。但是，聚集歸聚集，不允許英國軍艦開火，除非自身受到來自對方的武力威脅——這就是英公使電文中「力所能及」的意思：我能做到僅是如此，其他的，我「力不能及」。

儘管西方各國非常不喜歡革命發生，但是為了從長計議，選擇了暫時性的觀望姿態，具體策略是：舊政權我會保護，新政權我暫不出手，等到事態明朗，我好站出來說話——一切都是為了本國利益，這是國際外交基本法則，不能指責誰對誰錯。

就這樣，從十月十日武昌舉義開始，到第二年的一月一日孫中山在南京就任中華民國臨時大總統為止，這麼長的一段時間之內，武昌起義政權和佔據漢口的清軍一直隔江對峙。

西方各國海軍「按兵不動」（當時漢口江邊停泊英艦八艘、美艦三艘、德艦五艘，俄艦一艘後二艘、日艦一艘），瑞澂只能寄望於清王室，請求清廷火速派兵南下，強調此次武昌舉事與前數次例如長沙、廣州革命黨人的舉事有質的區別，訓練有素軍備充足的湖北新軍成為辛亥革命中堅力量，武裝起義在三鎮成功的可能性非常大——樑柱摧折，大廈傾倒，時間延誤，將不止是湖北武昌一省一市的事變了。

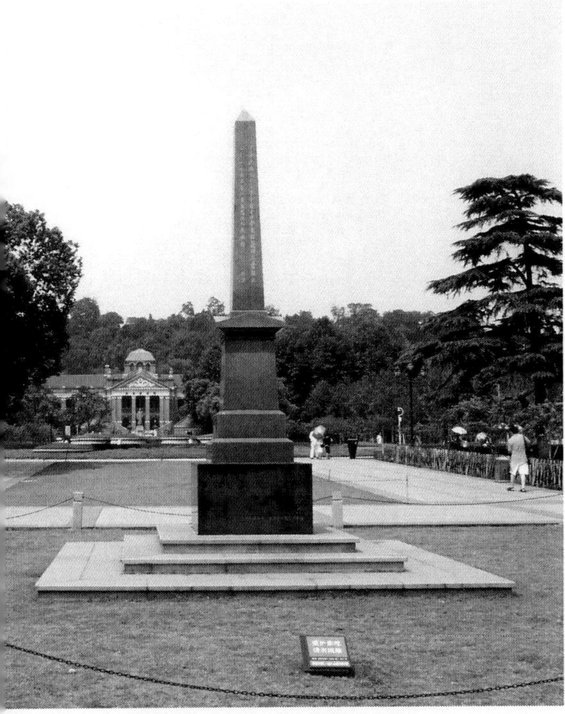

閱馬場中央樹立的辛亥首義紀念碑。

接到瑞澂發來的十萬火急的求救電報，滿清王室執政者心如火焚面如死灰，慌忙尋求應對之策。

一個龐大的帝國，即便是腐朽之極，也不等於它衰弱得不堪一擊，槍桿子從來都掌握在統治者手裏，沒有強大的軍事力量，清王權靠什麼支撐近三百年？

十月十二日，漢口、漢陽宣佈「光復」，革命黨人組建臨時政權。

同一天，清廷下達命令，陸軍大臣廕昌率領北洋軍兩個軍，從北向南乘火車沿京漢線風馳電掣而來，海軍統制（總司令）薩鎮冰率領「楚有號」「海容號」等十五艘軍艦，從上海出發，溯長江破浪而上直驅漢口。陸軍和海軍兩路夾攻，清朝廷調遣了最強悍的兵力來對付湖北的革命黨人，試圖扼殺武昌起義於襁褓之中。

十月十日當晚，曾經在湖北省督府與革命軍頑抗的湖北提督張彪，擋不住起義軍勇猛攻勢，率領殘兵敗將登上總督瑞澂的軍艦逃過長江。

收到北京清王室的電文指示，十月十三日，張彪帶領部分清兵佔據漢口城郊劉家廟車站，準備和南下的北洋軍會合，保住漢口，反攻武昌。

消息飛快傳到武昌閱馬場湖北省軍政府（紅樓，今辛亥革命紀念館，當時湖北省諮議局），都督黎元洪下令革命軍渡江到漢口，前往劉家廟阻擊清軍集結反攻。這是陽夏保衛戰的開始，第一場戰鬥發生地點就在漢口劉家廟車站，劉家廟因此載入中國近代史史冊。

劉家廟之戰

劉家廟車站，即今天的江岸車站，當年京漢鐵路進入漢口城區的第一個車站，出車站順鐵路線往東北，經三道橋到黃陂灄口車站。

劉家廟本來是一個地名，今漢口黃埔路到丹水池一大片地區，據說清代這一帶曾經有過一座廟，名劉家廟，後來廟毀，留下這個地名。一八九八年，京漢鐵路鋪到漢口，在劉家廟地片建站，名江岸火車站，但民間堅稱劉家廟車站，一九五三年再次定名江岸車站至今。

當年（一九一一年）漢口市區建有三個車站，從東北往西南，劉家廟車站、大智門車站、玉帶門車站。

陽夏之戰為什麼從劉家廟開始？因為這裏是清政府南下援軍乘火車到達武漢三鎮的第一站。

湖北新軍提督張彪，張之洞親手培養的一員悍將，清廷忠臣，作戰風格兇狠強蠻，湖北新軍盡人皆知，湖廣總督府保衛戰吃了敗仗，讓他惱羞成怒，來到漢口劉家廟，三天之內（十月十三日到十月十五日），會合了從湖南和河南兩省趕來的清軍援軍，包括炮兵、步兵、騎兵一共兩千人，躍躍欲試，準備和革命軍決戰。

此時，海軍總司令（統制）薩鎮冰率領清水師艦隊溯長江而上到漢口，立刻投入對劉家廟戰事的支援。

革命軍這邊的力量是，渡江到漢口的湖北新軍部分官兵，湖北軍政府徵募漢口市民參軍。

十月十七日，廕昌在河南信陽指揮清軍入湖北作戰。

十月十七日，黎元洪正式擔當起湖北軍政府都督的職責，下達命令堅決阻擋南下清軍的攻勢，為保衛武昌起義勝利成果起到了他能起到的重要的作用。辛亥革命，黎元洪功不可沒，沒有他，沒有湖北省諮議局議長湯化龍，沒有武昌起義的中堅人物吳兆麟、蔣翊武、劉公、孫武、熊秉坤、蔡濟民、李翊東、詹大悲等人，也就不會有辛亥革命的成功。身為一個湖北人，怎麼能不尊重歷史，漠視或貶低湖北籍先輩黎元洪等偉人的功績？

因為英租界（今漢口江漢路至合作路一片）江面成為戰爭前沿，湖廣總督瑞澂將楚瑜號移往下游德租界（今漢口一元路至六合路一片），停靠在德國軍艦朝岸一側。十七日這天，德艦朝長江江面從武昌增援漢口的革命軍輪渡開火，這是唯一一次外國海軍公開介入辛亥革命的記錄。

十月十八日，革命軍向劉家廟踞守清軍先後發起兩次進攻，戰鬥進行得非常艱苦，雙方拼死相持，由於薩鎮冰指揮的清軍艦從江上炮轟支援，增添張彪等步兵軍團的強大火力，革命軍受創嚴重，一度沿鐵路線退到大智門車站，退入漢口市區。

十月十九日，天還未亮，革命軍從劉氏花園（劉歆生別墅，毀於清末，遺址在今京漢大道與江漢路交會點即循禮門以北地片），從西商跑馬場（遺址及殘存老建築在漢口解放公園、武漢話劇院及解放軍通訊兵學校內），從大智門火車站，向東推進，再次向劉家廟發起攻擊。前來參戰的有京漢鐵路江岸機務段的工人，鐵路沿線棚戶區的貧苦市民等。清軍被擊潰，躲進鐵路沿線棚戶區，革命軍及當地市民火燒棚屋，清軍慌亂潰逃。此時，長江江邊，清軍艦艇暫時停火，炮彈供給不上來，乘此間隙，革命軍一鼓作氣攻佔劉家廟，清軍退到三道橋，至灄口待命。

辛亥革命期間革命軍官兵在紅樓前合影，身後是武昌首義十八星起義旗。

漢口市民歡欣鼓舞，放鞭敲鑼擊鼓，歡呼革命軍打敗清軍，漢口市民踴躍參軍由旁觀者變成戰鬥者，由市民變成革命者，具體原因今後專文討論，這裏以一句話概括：專制王朝不得人心，摧枯拉朽平民有責。

當年，漢口市民「有錢出錢，有力出力」——捐款的是商人，送茶飯的是平民，直接參戰的以市井遊民為多數——底層無產者是城邦暴動的骨幹力量，只有他們才「敢死」，有產有業的敢嗎？

湖廣總督瑞澂從江面看到清軍的潰退，感覺大勢已去，萬念俱灰，下令楚瑜號軍艦起錨駛往上海。

十月十九夜晚，湖北軍政府決定乘勝推進，向駐紮在黃陂灄口的清軍發起攻擊，任命黎元洪舊部屬下張景良為漢口前線總指揮。

北方清軍援兵不斷南下向湖北集結，人員武器裝備十分精良，湖北革命軍無法相比。

革命成功，不在於當時振臂一呼，而在於面對舊政權全力反撲，新生政權能否堅持得下去？

嚴酷的現實考驗參與其中的每一個人，尤其是被迫從舊政府變更到新政府的一班清廷官吏，幾千年皇權思想深入人心，三百年滿清奴才做得馴服，對他們來說，舉義造反，殺頭的大罪，誅滅九族，怎能要求惶惶不可終日的他們和立志改換中國的革命黨人同心同德？

時代局限，張景良臨陣叛變，完全可以理解，失誤應該由黎元洪等新政權領導人來承擔，雖然於他們而言，也是無可奈何。武昌起義，舉事倉促，湖北革命黨人還沒有來得及考慮如何應付隨之而來的大規模軍事行動，軍事指揮人才嚴重缺乏，戰事準備不足，文人造反天真幼稚，所以，才會有袁世凱出山收拾亂局。

劉家廟戰鬥進入第二階段，十月二十日，張景良過江來到漢口前沿陣地，不作任何戰鬥佈署，四處看了一番，人就不見影子了。當天，湖北軍政府聽說漢口前線總指揮失蹤，無奈之下只得隔江下達進攻命令。

十月二十一日清晨，革命軍兵分幾路進攻灄口，作戰部隊依然以湖北新軍正規軍隊為主，此時漢口民軍人數不多，沒有成為陽夏之戰的主力。

三道橋：劉家廟到灄口的必經之道，大片湖泊沼澤上建築三道鐵橋鋪設京漢鐵路鐵軌，所以得名。

集結得越來越多的清兵武裝在三道橋頑強殂擊，壓制革命軍數次衝鋒。大片湖泊泥沼，湖北軍政府從江南派來的援軍根本無法立足。進攻灄口失敗，革命軍傷亡很大，只得向後退卻，在三道橋和劉家廟之間鐵道上修築工事，阻止清軍順鐵路入城。

戰事進入膠作狀態，清兵大批南下，踞伏祁家灣和灄口（兩地都屬黃陂），另在孝感設司令部，等待信陽蔭昌下達進攻漢口的命令。

湖北軍政府領導黎元洪，原本武行出身，此前湖北新軍高級將領，憑直覺就能猜到前路兇險、大戰在即，派出步兵軍官張廷輔、熊秉坤，炮兵軍官蔡德懋，敢死隊隊長方興和馬榮，率領部隊過江支援，沿著漢口北城圈張公堤（東起堤角西至舵落口一道防水大堤，張之洞撥款修築）巡防守衛。

大智門之戰

就在劉家廟戰鬥的進退攻守的之間，交戰陣營的雙方各自發生一些影響中國歷史命運的大事。

北洋軍統帥走馬換將，由與清廷意見不合賭氣離開北京的袁世凱取代陸軍大臣廕昌，行使對北洋軍的指揮權。

廕昌出身滿族貴族之家，德國軍事學校受訓，曾任清廷駐德國公使，中西文化教育良好，屬風流倜儻貴公子之流，不能真正統兵打仗，況且他也別想調遣得順趟北洋軍，因為本不是他的軍隊，當時北洋軍第二軍統領馮國璋，受袁世凱指示來到漢口按兵不動，使坐鎮信陽的廕昌對湖北戰局控制無力。

這段時間，西方各國公使喧嘩京城，軟硬兼施，脅迫清廷允許退隱歸鄉的袁世凱復返政壇，寄希望於他出山收拾天下顛覆的危局。

一代梟雄袁世凱，出生官宦之家，文武兼修，年輕時棄文從武，從基層軍官做起，依靠能力及關係升任駐朝鮮總理大臣，一八九五年歸國受西式軍事訓練，一八九八年變法維新失敗後放棄帝黨依附後黨，官運亨通直至直隸總督兼北洋大臣，一九〇七年入主軍機處，和西方各國使臣關係密切，當時被西方國認為是「挽救中國政局之第一人」。

十月二十七日，袁世凱端起架子走馬上任來到信陽，以欽差大臣身份換掉徒勞無功的廕昌，統領北洋軍及湖北清軍以及長江清兵水師，全盤掌控兵權。當即下令整編「舊部」北洋軍，任命原第二軍統領馮國璋為第一軍總統官，段祺瑞為第二軍總統官。

卸下重任的廕昌並沒有返回京城，以普通軍官身份參加清軍部隊南下湖北作戰，他沒有忘記自己滿清貴胄的身份，也算做到盡忠盡義。

整編停當，袁世凱躊躇滿志，調令北洋軍水陸兩路大軍，氣勢洶洶撲向漢口。

十月二十六日，清軍分水陸兩路向劉家廟發起反攻，聲勢猛烈非同往常，是否與袁世凱即將出山有關？我不知道。

我只知道，就在袁世凱正式上任的前一天，陽夏保衛戰進入危局。海軍統制薩鎮冰親自把舵，引導四搜巡洋艦乘夜由陽邏駛入灄河（漢口東北郊長江支流），從諶家磯（今漢口江岸區東北角）帥倫造紙廠（屬清財政部一九一二年停產）重炮轟擊埋伏在三道橋一帶的革命軍。清軍步兵則從灄口沿鐵路強火力正面進攻，另一支清軍從岱家山（今漢口中環線岱家山科技創業園一帶）、姑嫂樹（漢口東北片今漢口三環線東段）向劉家廟、三道橋側面進攻，革命軍傷亡慘重，情況萬分危急，眼看三道橋很難守住，大家商議準備向劉家廟撤退。

沒有料想的事發生了，失蹤數日的張景良突然如鬼影一般出現在劉家廟，乘著前線吃緊此地空虛的當口，指示跟隨叛軍放火燒毀站內儲存的軍火彈藥及武器裝備。前方將士回頭，遠遠看見後方大火黑煙沖天，以為劉家廟車站已被清軍佔領，絕望之下退出三道橋前沿陣地，不敢沿鐵路返回劉家廟，漢口北郊繞一個大彎，從西商跑馬場側邊進入漢口市內，以大智門車站為第二道防禦陣地。

大智門：漢口北城圈八大城堡之一，京漢鐵路修通，城堡拆毀改建火車站，即大智門火車站。

大智門車站曾經是京漢鐵路線南段最大的一座車站，法國工程師設計，一九〇六年四月四日，直隸總督袁世凱受慈禧派遣，專程從北京趕來，和湖廣總督張之洞一道，在這裏舉行了鐵路通車剪綵儀式。陽夏之戰曾經在大智車站內以及車站周邊展開。

沒有人指揮的革命軍潰退到大智門，安定下來之後獲得了準確戰報：劉家廟並沒有被清軍佔領，兵行詭道，自己這方出了奸細，白白放棄漢口軍民流血犧牲占住的堡壘。

幾天後，內奸張景良被革命軍不知從漢口的哪個暗角搜尋出來就地處死，他和清軍的勾結內幕至今還是個謎。

湖北新軍標統謝元凱站出來對眾位兵士說：「我們被人算計了，現在多說也沒用了，戰機失誤，失不再來，沒有總指揮，我們自己指揮自己，不怕死的兄弟跟我來，殺回去，奪回劉家廟！」

眾人奮勇回應，當下組織起一支軍隊，謝元凱擔任指揮，從大智門火車站出發沿鐵路線向東直奔劉家廟車站，與剛剛趕到這裏的清兵展開近距離戰鬥，長槍和大刀，近身肉博，血肉橫飛，近乎拼命的攻擊令清軍士兵膽怯，不想也不敢與之硬抗，逃出車站向三道橋退去。劉家廟再次被革命軍佔領。

一九一一年十月和十一月，漢口戰事瞬息萬變，每一天，每一小時，勝敗輸贏，進攻退守，都在轉換，每

漢口大智門火車站，當年陽夏之戰戰場之一。

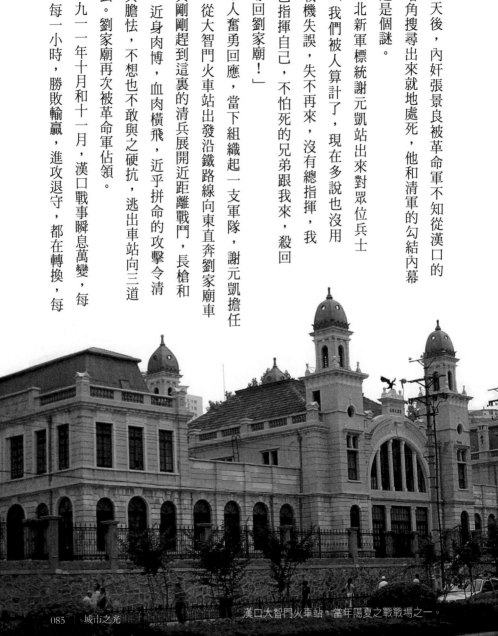

一個階段的勝利都不敢指望保持長久，勝戰只是戰鬥的間隙，血雨腥風的鏖戰還在後頭。

袁世凱介入湖北戰局，分兵兩路而行：一面搖控馮國璋由漢口東北郊向漢口市區沿鐵路推進，一面親自率領北洋軍自河南信陽入境湖北，直奔孝感（位於漢口以北，東面與黃陂緊鄰），準備從蔡甸（漢陽以西的城鎮）進入漢陽，東西夾擊，攻佔漢陽和漢口，然後威懾武昌。

收復三鎮，鎮壓武昌起義，並不是袁世凱的最終目標，更大的謀畫還在後頭，對湖北革命軍的武力打擊，只是他獲取更高權力至關重要的一著棋。

十月二十七日，對袁世凱絕對效忠的馮國璋，指揮北洋軍從灄口經三道橋強攻劉家廟，守在這裏的革命軍人數本來不多，經歷之前數場戰鬥已經體力衰竭，武器裝備更不能和裝備精良的北洋軍相比，劉家廟再次失守，革命軍退守大智門。

十月二十八日，清軍強攻大智門，炮火掀天，步兵突進。謝元凱和馬榮率領部下前後兩次衝出車站，逼近清軍，近距離肉博，迫使敵方前鋒部隊膽怯後退，但，這也只是片刻間的喘息，少數人的慷慨獻身阻不住大部隊的軍事行動，近代戰爭不再是中世紀騎士時代。

國民黨高官徐源泉在回憶錄中記載了大智門戰鬥：一九一一年十月（二十八日或二十七日），漢口戰況於革命軍極為不利，清廷軍隊傾巢南下，以圖挽回頹勢。湖北軍政府決定招募新兵，擴充起義軍力量。黎元洪派人到客棧向外省返鄉的軍校學生發出邀請。當晚，徐源泉作為代表列席武昌都督府（即紅樓）召開的軍政會議，慷慨發言願為革命效力。會後，號召學生軍三百餘人，自任為隊長，連夜渡江到漢口，於大智門火車站與清軍展開激烈交戰。

數天以來，漢口民眾自發組成武裝，稱為「民軍」，一支特殊的之前沒有受過任何軍事訓練的戰鬥團體，隨著陽夏之戰的持續，逐漸形成為革命軍中堅力量——市民參戰，與朝廷公開為敵，這樣的故事，中外歷史時有發生。但是，我認為，不能把陽夏之戰中的參戰人員統稱為「民軍」，因為其中相當一部分是湖北新軍正規軍人，另外還有一部分軍校學生，如上述。

大智門爭奪戰前後三天，清軍採取扇面攻勢，從劉家廟沿鐵路線向西，向大智門車站進攻；從姑嫂樹、岱家山、西商跑馬場（漢口解放公園一帶）往西南行動，向漢口市區中心進兵。馮國璋命令炮兵，避開沿江五國租界區，大炮向華人居住區猛轟。革命軍及市民死傷慘重，大智門車站炸成廢墟（一九一三年原樣重建，保存至今）。

漢口街市巷戰

十月二十八日，清軍佔領大智門，革命軍退到循禮門再退到歆生路（今江漢路中山大道以北，江漢路步行街與京漢大道相交一段），借街邊商店民居為屏障，和清軍開始街巷爭奪戰，循禮門，清代漢口北部八大城堡之一，一九一六年修築循禮門車站，二〇一〇年拆毀，京漢鐵路從這裏經過到玉帶門車站調頭，歆生路在這裏和京漢線十字相交。沿歆生路南去是漢口鬧市區，跨過後城馬路（即中山大道）往南是沿長江華埠商業區，向西是六渡橋居民區也是商業區。

這時，革命軍（包括民軍，下同）已經沒有群體參戰的實力了，無人指揮，隊伍潰散，三千官兵陣亡，湖北新軍正規軍人所剩不多，湖南援軍已經撤走，戰敗部隊來不及整編，武昌派來增援炮隊，也只是杯水車薪，阻止不了攻進漢口市區的北洋軍，德國裝備的北洋軍是清廷最後的支撐。

兩軍交戰，第一是實力，第二是指揮，兵無將不行，將無令不行，憑熱血精神人自為戰，犧牲自然很慘烈。

十月二十八日，黃興由香港經上海乘船來武昌。

聽說湖北武昌舉事成功，海外革命黨人一個個心潮翻滾，恨不得插翅飛回國，投入到革命的洪流中去，況且，他們自認為是革命起義的宣導者和發動者，如今眼看中國革命行將成功，怎能沒有我等的親身參與？這一天的來臨，是海外熱血志士多年的夢寐以求。

黃興，湖南人，孫中山組建同盟會重要領導者之一，武裝起義狂熱推行者，從一九〇七年到一九〇九年，在湖南、廣東、雲南等地，先後多次舉行武裝起義，均遭失敗。一九〇九年領導廣州黃花崗起義，負傷後逃往香港。這次歸國，期望與湖北革命者合作，徹底推翻腐朽清王朝，建立理想中華共和國。一個革命理想主義者，但，書生意氣並不等於他的統軍作戰的能力。縱觀中國今古歷史，文人出身的軍事實戰家原本就不多。

黃興在武昌碼頭下船，來到湖北省諮議局大樓。正愁沒有得力軍事指揮人才的黎元洪大喜過望，當即任命黃興為戰時總司令，全權指揮陽夏之戰。

漢口戰役，袁世凱授令馮國璋全權指揮。

北洋軍從東面和北面向漢口市中心壓過來，除了一支武裝沿歆生路尾隨潰退革命軍窮追不捨之外，另有大部隊合圍漢口北郊，從姑嫂樹向西，經華商跑馬場（今同濟醫科大學校園內），然後向南，以玉帶門車站為堡壘，向漢口中心城區，向長江和漢水交匯方向，呈片狀推進，打算堵死漢口軍民最後逃生之路。

玉帶門（今漢口礄口路至崇仁路之間），和大智門、循禮門一樣，也是清末漢口北郊

漢口六渡橋街區，陽夏之戰街巷戰在這一大片地區展開。

八大城堡之一。一八九八年，京漢鐵路在南端玉帶門和北端蘆溝橋同時動工修建，一九〇三年，玉帶門車站（今不存）建成，屬京漢鐵路南段終端車站，周邊為茶葉集散市場。

循禮門失陷，一部分革命軍沿鐵路退到玉帶門車站，希望守住漢口北城圈最後一個堡壘，但是，和前幾個車站一樣，鐵路一路暢通，清軍來得更快，貨車車皮長列往漢口市區運。大批清軍從萬松園（今漢口中山公園一帶）和華商跑馬場（今武漢同濟醫院一帶）方向攻過來，從今天漢口體育館直插玉帶門，革命軍殘部向西南方潰逃，躲進花樓街、滿春街、四官殿、集稼嘴一帶的大街小巷。

馮國璋率兵佔領漢口三大車站（劉家廟、大智門、玉帶門，一九一一年循禮門還未建站），將漢口出入口控制在手掌心裏，既可防止其他省市對湖北軍政府的支援，也可以將北洋軍直接運送到漢口城市中心——由玉帶門車站往南即漢江，他猜到革命軍準備從龍王廟過渡南岸嘴逃往漢陽，他猜到龍王廟將成為北洋軍攻打漢陽的前沿陣地——北洋武備學堂畢業的馮國璋，不光好勇鬥狠，更有指揮作戰的魄力。

十月二十九日，清軍攻陷循禮門，跨過鐵軌，沿街追擊，搜尋每一幢房屋和每一條巷道。當天，黃興趕往漢口六渡橋滿春茶園（漢口滿春街位於六渡橋商圈以西，連通中山大道和漢水），指揮漢口軍民與北洋軍的街市巷戰。

巷戰自循禮門京漢鐵路以南的歆生路開始，革命軍躲進街巷，暗中朝清軍開火，尤其是漢口民軍，人頭熟，地段熟，穿街過巷，和窮追不捨的清軍在老漢口城區環繞迂迴，從歆生路退到後城馬路（中山大道），從後城馬路退進花樓街（漢口佳麗廣場背後，街道縱橫交錯，連通中山大道和沿江大道，穿越漢口舊城區），黃陂街（今武漢關附近）、王家巷（沿江大道王家巷碼頭）、四官殿（沿江大道四官殿碼頭）朝龍王廟（沿江大道龍王廟公園）方向撤退。

敵眾我寡，革命軍且戰且退，向漢水和長江交匯處轉移，一條」形的撤退路線，從漢口北邊的循禮門到漢口西南角的龍王廟，一條捨死求生的路，被逼無奈的逃亡，循禮門陷落之後，革命軍潰散不堪衰弱不堪了，沒有漢口民軍的指引，革命軍根本不可能由北向南、由東向西穿越整片城區趕往漢江江畔。

漢口老城像一座深藏莫測的巨大的迷宮，走得進去不見得走得出來，街巷曲折，縱橫交錯，辨不清東南西北，老漢口沒有東南西北，房屋密集，層疊重複，看不見前後首尾，革命軍退進街巷，如游魚入水，被漢口市民保護起來了。

古代四大商埠之一，近代開埠第一洋碼頭，張之洞近代工業實驗基地——新思想、新觀念領中國之先的漢口人，自然首當其衝地成為資產階級革命的捍衛者。

據說黃興在滿春茶園，組織潰退革命軍六百人結集反攻，曾經一度到達玉帶門，但是在清軍強大火力下退回六渡橋和礄口。

交戰雙方實力懸殊，無論是誰，此時此刻都難以扭轉漢口的戰大局，如此，黃興的任命更顯悲涼。

漢口之戰，雖敗猶榮，民心所向，世人皆知。

十月三十一日，清軍炮轟後城馬路以南至河街（沿江大道上段）的大片街市，馮國璋指揮部下從循禮門、玉帶門一路橫掃過來，跨過後城馬路走到六渡橋就傻了眼，平原上長大的北方人，密如蛛網的漢口街巷讓他五心煩躁腦袋發暈，新式軍訓也沒有教授這樣麻煩的課題——燒就一個字！而且振振有詞：防止「匪黨」窩藏於街市；漢口民匪一家沒有分別；燒光一片，看這些犯上作亂的「匪徒」能往哪裡躲？

漢口五國租界以外，沿長江往上，沿江一片（今沿江大道上段），晚清以來的華人商埠聚集區，街市繁華，民居擁擠，多是木結構中式建築，中國內陸黃金碼頭，茶葉、棉花、桐油、藥材、生漆等八大商幫，東西南北的商人，都在這長江沿岸設立商埠轉口買賣——清軍一把火，從四官殿（今沿江大道四宮殿碼頭至民權路口一片）到龍王廟，大火三日不絕，商埠民居化為焦土。

十一月一日，清軍佔領漢口。

革命軍從龍王廟渡船過漢江，南岸嘴上岸，佔領龜山和漢陽鐵廠（今琴台大道南側）。漢口保衛戰，謝元凱、徐少斌、孟發臣、方興、馬榮、趙承武、蔡德懋、熊世藩、王家麟等革命軍軍官前赴後繼奮戰到生命最後一刻，捨生赴死，為什麼？精神還是使命？我不懂。感懷先烈的同時，更讓我感到「革命」兩個字的殘酷。

這些天，清海軍統領薩鎮兵常常拿望遠鏡站在艦首朝長江北岸看，夏口之戰歷歷在目，革命軍人奮勇拼死，漢口市民奮起護衛，硝煙戰火，死人流血……回身對身邊的軍官說：「民心向背，清廷保不住了。」

漢陽保衛戰

十一月三日，黎元洪代表湖北軍政府在武昌閱馬場舉行拜將儀式（遺址在今閱馬場拜將台）。黃興臨危受命，率領參謀長李書城、秘書長田桐趕往漢陽，在古琴台（今漢陽琴台風景區）設立革命軍總司令部，後來轉移到昭忠祠（漢陽老城北門外，具體不詳），在歸元寺設糧台（糧秣裝備供應儲存處），接手指揮陽夏之戰。

黃興登臺領受將印的這一天，袁世凱從河南信陽來到了湖北孝感，距離漢陽城已經很近了。

雙方臨陣換將，決定陽夏之戰最終的勝敗，情勢再明白不過，文人出身的留日革命者黃興，哪裡是武官出身的清廷政治家袁世凱的對手？這不是革命與反革命這樣幼稚簡單的問題，這是一個人控制大事態的能力與魄力的問題，辛亥革命期間的袁世凱，才是一個能夠挽狂瀾於既倒的人，他的目標很明確，一切都在按照他預定的方向走。

戰時總司令黃興佈置漢陽和武昌的防務，在蛇山、龜山設炮兵守衛，在南岸嘴至三眼橋的漢江沿岸設兵防守。

陽夏之戰早已由進攻爭奪戰轉為後撤防守戰，眼下黃興身負的重任是，以漢陽為前沿陣地拖住敵方的兵力，保住武昌城，保證湖北軍政府的安全，保住武昌起義的成果，因為，此時此刻，整個中國都在看著湖北，看著武漢三鎮，假如武昌城被清軍攻下，辛亥革命將前功盡棄，不僅是湖北，中國將陷入一片血海，一切將付諸東流，也許清廷覆滅或遲或早，但是，再來一次革命，又得要多少人流血？想都不敢想……

黃興深感壓力。

十一月上旬，全國十八個省宣佈光復，宣佈脫離清廷成立獨立政府，形勢對湖北軍政府有利，湖南革命黨人也騰出力量，派遣軍隊跨省趕來武漢，漢陽前沿漸漸聚集起湘鄂聯軍一萬餘人，黃興感到眼前一片光明，下令反攻漢口。

十一月十六日，駐紮漢陽的革命軍繞過清軍在南岸嘴設下的重裝佈防，從琴斷口（今江漢二橋漢陽橋頭東側琴斷口街）搭浮橋渡過漢江，埋伏在漢水北岸（宗關水廠一帶）。當年，漢口西郊，荒野平土，大片沼澤，人煙稀少，革命軍渡河沒有被北洋軍發現。

十一月十七日清晨，黃興親自率領反攻部隊向漢口城區發起攻擊，由西至東，沿著今天解放大道古田片向東行進，攻佔博學書院（今武漢市第四中學）和既濟水火公司水廠（今漢口宗關武漢市自來水公司，江漢二橋漢口橋頭）。先頭部隊直逼玉帶門。

敵方聞訊驚惶非常，這樣無所顧忌的反戈一擊是他們所沒料到的，完全不合軍事常規思維，於是，北洋軍援軍大批湧向玉帶門，迎著革命軍的來勢分兩側堵截，依然是炮兵掩護步兵，輕重武器一齊射擊。

革命軍北翼受重創後撤，南翼軍隊見敵方火力如此強大，不願拿雞蛋往石頭上碰，順勢跟著後退。黃興大叫：「不許後退，大家向前衝！」兵退如山倒，紛紛跑向漢水，黃興調令不動，只得放棄漢口撤回漢陽，傷亡六百人，影響到漢陽守軍的鬥志。

後來史家評價陽夏之戰，批評黃興沒有軍事頭腦，冒險出兵，不顧大局，漢口反攻失敗是註定的事。

為什麼黃興輕率反攻？猜測他有他的想法：全國革命形勢一片大好，清廷倒臺也許就在即日，進駐漢口，收編北洋軍成為革命軍，也不是不可能的事，宜早不宜遲，他的認為。

「螳螂捕蟬，黃雀在後」，北洋軍另一支隊伍，由孝感到新溝（古鎮，位於漢水與漢北河匯合處，今屬武漢市東西湖區），渡過漢水佔據蔡甸，十一月二十日，從蔡甸進逼三眼橋，黃興調動軍隊西向迎敵，十一月二十一日，雙方在三眼橋展開激戰。

漢陽三眼橋：位於蔡甸到漢陽王家灣之間的漢蔡高速公路上，隋唐時漢陽通往京城的驛道，曾經有一座橋，橋下有三孔，所以得名，後來橋毀留下這個地名，今新建鋼筋水泥橋，也名三眼橋。當年三眼橋戰鬥，兩方殺得難分難解，革命軍鬥志兇猛，清軍受挫，被迫停止前進，革命軍佔領三眼橋以東高地——仙女山、米糧山（美娘山）、鍋底山、湯家山、磨子山、扁擔山——阻擋清軍入城之路。

就在這一天，馮國璋指揮漢口清軍從舵落口（漢水北岸，今漢口礄口區工農路）渡河，衝破米糧山防線，與蔡甸方向趕來的清軍配合，攻打米糧山，對革命軍形成夾角之勢。

漢陽三眼橋到王家灣之間一帶屬崗壟地貌，小山丘陵密佈，如盆圈一般圍合著龜山腳下的漢陽古城。突破這一圈山嶺，從扁擔山到月湖古琴台，攤開一片平野湖泊，從西而至，坦坦蕩蕩沒有遮蔽，漢陽古城便無險可守。

黃興雖然不算是軍事大家，但這起碼的軍事知識他還是很懂的，下令漢陽守軍死守三眼橋以及以東的仙女山，阻擋袁世凱軍隊入城通路。

十一月二十三日，十一月二十四日，米糧山、仙女山失守，革命軍退守鍋底山和扁擔山。

十一月二十五日，兩路清軍在扁擔山一帶會合，合力進攻漢陽守城革命

張之洞創辦的漢陽兵工廠，陽夏之戰交戰雙方爭奪據點。

軍，大炮聲震撼山巒水泊，鍋底山和扁擔山失守，清軍從王家灣、十里鋪長驅直入，近逼歸元寺（中南名剎，清光緒建築，今漢陽翠微橫路二十號）和漢陽鐵廠（張之洞湖北工業基地之一，遺址在今漢陽區琴台大道旁邊）。

山地爭奪戰傷亡巨大的革命軍，再也無力在平原上組織防禦，數路清軍如飛蝗襲來。漢江不是長江，渡河過來是很容易的。清軍數路從漢口渡河到漢陽，琴斷口、十里鋪、五裏墩、古琴台、南岸嘴，沿河登岸，漢江防務全線潰散，困守漢陽城的革命軍只能是拼死困守。戰爭進行到這一步，漢陽保衛戰陷入絕境。

十一月二十六日，湖南援軍自行撤退過長江經洞庭湖返回湖南，湖北革命軍也拒不聽

龜山東麓黃興銅像，武漢人對陽夏之戰總指揮黃興的紀念。

從黃興的命令，乘船渡江過武昌。要麼戰死，要麼逃亡，誰願意被清軍抓住？血淋淋的死，還得受盡刑罰屈辱。不戰則退，只能如此，只有如此。

漢陽陷落，黃興悲慟萬分，大老遠地跑來親歷陽夏之戰戰敗，辜負了湖北人對他的期望，也辜負自己對革命的一片忠貞，一番雄心付諸東流，站在鸚鵡洲（今漢陽攔江大道以南鸚鵡大道以東的長江邊），看大江滾滾東去，心痛欲裂，一心想投江尋死，被跟隨身邊的秘書田桐拉住，隨後被黎元洪派人接到武昌。至此，漢陽守軍全部渡江撤往武昌，包括從漢口到漢陽的漢口民軍。

歷時四十一天的陽夏之戰結束，這是自清咸豐二年（一八五二年）太平軍攻城戰以來，武漢三鎮遭遇最為慘重的戰爭災難，雙方死亡人數超過五千人，其中，革命軍陣亡將士四千二百人，漢口城區毀壞慘不忍睹，漢陽城郊彈痕累累，古琴台和晴川閣被清軍炮轟殘存無幾，歸元寺被革命軍點火燒毀大部古建築及文物珍藏——這就是革命的代價。

堅守武昌・南北議和

十一月二十七日，清軍進駐漢陽，佔領龜山炮台，炮口對準蛇山頭上的奧略樓。袁世凱下令馮國璋再一次按兵不動。

這一天，湖北軍政府在紅樓召開緊急會議，商討今後決策，黃興說：「漢陽守不住，武昌也不一定能守住，我個人意見，不如大家隨我順江而下，放棄武昌，我們去南京如何？」

在場的湖北革命黨人望著他，一個個眼中出血，先前的尊重化著憤怒，高聲喊道：「頭可斷，武昌不可丟！」

眾怒難犯，黃興知道多說無用，當天下午和田桐從武昌草埠門（即武昌北門武勝門，武昌積玉橋得勝橋街口，毀於一九二七年）乘船去上海，後來去南京。

十一月二十九日，黎元洪任命蔣翊武為戰時總司令，湖北軍政府決定：「堅守武昌，城在人在，城亡人亡！」

北洋軍和革命軍，隔著大江南北對峙，戰鬥停了，炮聲息了，硝煙漸漸散去，留下被戰火焚毀的街市靜靜地躺在冬天的陽光下，表面上安靜下來了的三鎮急壞了西方各國。

西方人考慮的是本國利益，清政府早已是他們手上洗順了的一副牌，雖然已經腐朽，但是容易掌握。所以辛亥革命之初，幾乎所有的西方各國在華勢力都不支援起義力量，他們不清楚中國的局勢下一步將會往什麼地方發展？儘管起義者宣稱承認之前西方各國在華權利，承認之前與西方各國簽訂的所有條約。但是，革命，對於一個現存利益的擁有者，即便不是矛頭所指，也會終日惶惶不安，感到一種巨大而潛在的威脅。英國、美國、俄國、法國、德國、日本等國都這麼想：與其坐待，不如決策。於是英國在華公使朱爾典成為南北調停的一個中心人物。在那一段時間裏，英漢口總領事葛福秉承英國公使的指令，在漢口與武昌之間、在清政府與臨時軍政府之間、在北洋軍隊首領袁世凱與起義軍代表之間穿梭來去。

一九一一年十月至十二月，英海軍五艘軍艦一直在長江江面遊弋，雖高度戰備，但只是作觀望姿態。英國還有其他各國在武漢的軍力都不願輕舉妄動，避免失策，他們絕不想輕易地失去長江中下游的權益。隨著革命形勢如火如荼地發展，他們對腐敗得不堪一擊的清政府的拯救宣告無望，於是便策動袁世凱代表清朝廷與武昌革命政府進行停戰議和。

當北洋軍一軍統馮國璋在陽夏之戰中耀武揚威的時候，北洋軍二軍軍統段祺瑞跑到哪裡去了？原來袁世凱早有安排：十一月十三日，段祺瑞被派往山西處理吳祿貞刺殺案，留馮國璋一人在漢口作惡。十一月十八日被袁世凱召回湖北，授湖廣總督一職，為下一步南北議和埋下伏筆。十二月四日，袁世凱換下被陽夏百姓及武昌軍政府切齒痛恨的馮國璋，委任段祺瑞統轄北洋軍一二軍軍權，駐司令部於孝感，一邊以武力震懾三鎮，一邊配合英領事與湖北軍政府展開停戰和談。

袁世凱知人善任，一武一文，軍事上利用馮國璋，削減湖北地區革命黨人的兵力；外交上利用段祺瑞，督迫清廷退位謀求共和。有人說：袁世凱見武昌易守難攻，轉而謀求南北議和。這是以自己簡單淳樸之心，度袁世凱謀深似海之腹。接受清廷督請來湖北之前，他早已向攝政王載灃（醇親王，清光緒載恬的胞弟，清宣統溥儀的父親）開出六大條件：召開國會、重組內閣、寬容武昌革命黨人，解除自戊戌變法以來對黨群社團的禁止令、補足軍餉等等，可以看出，他的謀略佈署在先，既不會匍匐於清王室腳下，也不會投靠革命黨人分一杯殘羹，看人臉色行事的日子他已經受夠了，他要借武昌起義撼動國內外的狂飆驚雷，造一個歸屬自己的改良主義的中華帝國。

十月二十七日，袁世凱受命，先在信陽後到孝感，設司令部作督軍狀，但是心不並全在湖北，國家動亂，重新出

武昌首義公園辛亥革命軍戰士塑像。

山，需要他考慮的事太多了。

十一月十三日，袁世凱奉召進京，陽夏之戰全權交給馮國璋。戰爭是政治的一部分，其他手段決不能輕視。積極組織責任內閣，秘密與朱爾典會晤。兩天後，英國政府表態：希望袁世凱組織一個「強有力」的政府，「這個政府將會得到我們提供的一切支援。」

這就是辛亥革命的結果。

不能苛求歷史人物，辛亥革命，假如沒有袁世凱會同西方國介入，後面的路很難走下去，戰爭持續，城市毀壞，更多的屍體和更多的血，遭受災難的是民眾，革命者的理想也許很美好，但是也應考慮到民眾的基本生存權，拋頭顱灑熱血，任何時代也只能是少數人的事。

海軍統領薩鎮冰就是這樣想的，接到學生黎元洪的勸請信，長歎一聲，說：「不忍看同胞骨肉相殘殺……」於是放棄艦隊指揮職務，登太古洋行（英國輪船公司，舊址在漢口沿江大道一百四十號今武漢航運工程局）輪船回上海。

十一月十四日，清海軍艦隊參謀長湯薌銘（湖北軍政府要員湯化龍的胞弟）在九江宣佈起義，支持湖北軍政府，率海容、海琛、湖鶚三艘軍艦返航漢口武昌江面，炮口調轉對準清軍。

十一月二十六日至十二月一日，漢口英國總領事葛福派最善漢語的英國人從漢口乘木船過江到武昌，湖北軍政府也派特使過江來漢口英總領事館，南北停戰議和的策劃在長江兩岸緊鑼密鼓地醞釀。

十二月一日，湖北軍政府代表蔣翊武和吳兆麟，北洋總理大臣袁世凱代表劉承恩和蔡廷幹，在武昌寶通寺（古剎，位於武昌大東門外今武珞路路邊）簽定停戰協議。

十二月二日，南北停戰開始。

十二月九日，由英駐漢總領事葛福敦促簽押，南北雙方正式簽訂全面停戰協議，各省代表齊聚漢口英租界，由英領事葛福安排在順昌

漢口中山公園孫中山宋慶齡銅像。

洋行（英商輪船公司，舊址在今漢口沿江大道門牌號不詳），舉行南北調停談判。

十二月二十八日，南北議和談判在由漢口移到上海，在上海公共租界工部局（今上海江西路、河南路、漢口路、福州路之間的一幢大樓房）繼續會談。席間，英、美、法、日、德、俄六國駐上海總領事採取一致行動，督促南北雙方「停止現行衝突」，儘快成立共和政府。

一九一一年十二月二十五日，孫中山自海外回國，並於一九一二年一月一日在南京宣誓就任中華民國臨時大總統。辛亥革命結束。

漢口商道

晚清以及民國，中國境內外將武漢三鎮統稱作「漢口」，因為，當年的漢口，名氣非常大，不亞於今天的上海和香港，天底下，海內外，說起漢口，無人不知。

鴉片戰爭，清王朝結束一百年「海禁」，開放通商口岸，開放華洋貿易，國門打開，中國人看見了世界。一八四八年，上海開埠，一八六〇年，漢口開埠，口內通商轉口外通商，農耕經濟轉資本經濟，開埠城市走在中國經濟體制變革的前列。

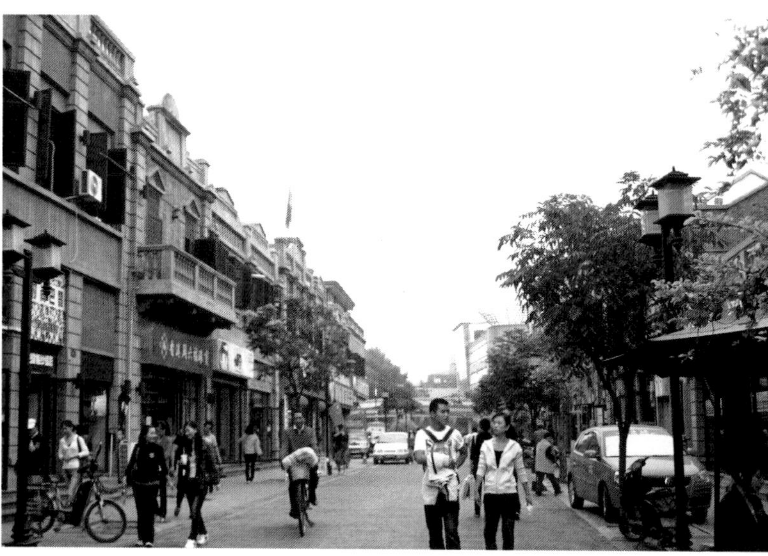

武昌民主路，從古自今商貿街。

漢口商人，我的理解是，以漢口（包括武昌和漢陽）為「根基」，從事商業活動的人。很多年裏，漢口商人操控著漢口城市歷史的進程，尤其是晚清至民國，八十年時間，漢口的變化令人震驚，由漢水之濱的古代商埠，到長江之濱的現代化國際大都市，之間所有的細節，全部都得依靠人來完成，漢口商人，是這個城市重要的建設者。

一方水土成就一方人才，一個人的人生之道，必然會應合當地和當時，作為商人也一樣，漢口的地利和天時，歷史的進程和當時的現狀，思維和決策，意志和行動，漢口的特色，決定漢商商道。

變革求新，抓緊機遇

西方國家強勢經濟入侵，極大地刺激了漢口城市經濟變革和發展，緊緊地抓住中國經濟體制巨烈變革時期的絕佳商機，是近代中國漢口商人發家興業的根本。

十九世紀末，二十世紀初，漢口洋行一百三十家（高峰時二百五十家），買辦八百餘人。當年，漢口華商多由買辦起家，依託洋行經濟進行資本積累，而後規劃個人的創業投資方向，其中多數成為漢口工商界的精英人物。

例如劉歆生，同時是法國東方匯理銀行和法國立興商行的買辦，後來投資地產業，為漢口城市近代建設立下首功；例如劉子敬，任俄商阜昌洋行買辦，後來投資房產業和紡織業，成為武漢市第一代民營實業家；例如陳仙洲，擔任英商怡和洋行買辦四十年，同時投資房產業和實業。例如英國亞細亞洋行買辦塗堃山，一九二七年與上海銀行經理周蒼柏聯手，承包了英美頤中煙草公司華中地區推銷業務……

借漢口開埠的商機，在國內資本主義商業體系尚未成型之前，介入外資商行，是一個向國外商圈學習的過程，學習西方先進的商業運作和商業管理，然後學以致用。有專家認為：買辦推動清末的「洋務運動」（也稱「自強運動」），催生中國的民族資本主義。我認同這樣的說法。

張之洞督鄂，推行「湖北新政」。一九〇〇年至一九一〇年，漢口華商紛紛投資民用工業和輕重工業：湖廣總督張之洞，一八九八年設立商務局，一九〇七年，倡導成立漢口商務總會，將華商商業的建設與發展提到了重要的日程上。同年，顧潤章、宋煒臣創辦漢口揚子機器廠；宋煒臣投資興辦漢鎮既濟水電公司，漢口商人萬為伯參與投資並任公司總經理；也在這一年，劉歆生投資漢陽鐵廠，以實力來支助張之洞的湖北工業實踐。截至一九一一年，武漢三鎮大中型官商企業已達二十八家，資產額居全國第二，僅次於上海

——中國近代城市經濟轉型先行於湖北，漢口商人抓住了這個千載難逢的機會，

民國初年，北洋政府承襲了張之洞的經濟建設方略，蕭耀南督鄂，給予漢口工商界力

所能及的支撐和扶助。一九一四年，武昌人李紫雲集資籌辦漢口第一紗廠；一九二二年，徐榮廷、張松樵等人投資創建裕華公司；一九二七年，國民政府倡議收復英租界，世風國策對外商不利，西方商行和銀行抽取銀根轉而投資上海，漢口華商乘隙而起。一九二七年至一九三八年，是漢口民族工商業發展最為迅速的時期，華商創辦的金融業、商業、企業，以及房地產業，林林總總，精彩紛呈。

晚清之後，徽商和晉商盛極而衰，浙商和漢商強勢崛起，歷史證明，舊有的商貿體制難以適應新時代的商業運作。漢口商人之所以能立潮頭不倒，除了把握百年一遇的「天賜良機」之外，關鍵在於變通，棄舊圖新，學習和掌握西方商務和西方文化，如此才能更新思維，順應時代，引領潮流。

彙聚融合，聯手協作

實際上，漢口商人，這個名稱十分「模棱」，我的認為，不應該以一個人的出生籍貫來籠統論之。

明中葉才從江河湖沼中浮出的漢口，建城時間不長，純粹的本埠人並不算多，因為是個商埠，來來往往的多是經商者，而且多是外鄉人，來到這裏，落地生根，時間久了，就成了「漢口商人」。

周星堂，浙江紹興人，「穿一件長布衫，夾一把油紙傘」，來漢口發家立業。陳經畬，江蘇南京人，回族，一九〇一年，二十一歲來漢口商行打工。

著名的漢口商界「四大金鋼」，只有賀衡夫一位是湖北漢陽人，另外三位，黃文植、蘇汰余、陳經畬，全是外鄉人。

美國人羅威廉（William T.Rowe）的書，《漢口：一個中國城市的商業和社會》，以整整一章的篇幅，論說漢口商人的源流，他說：漢口是一個移民城市，外地人來漢經商，時間久了，對漢口的維護甚於他們的原籍——原因很簡單，因為漢口有他們的家業。

漢商之中，自然是湖北人居多。地產大王劉歆生是漢口東西湖柏泉人；棉花大王黃少山是湖北監利人，紡織大王李紫雲和徐榮廷都是武昌人，周恒順機器廠的周氏家族是湖北江夏人。

一九〇七年成立的漢口總商會，數任會長都有異鄉人，例如，三任會長的黃文植是江西南昌人。

漢口，濱江濱水，碼頭眾多，從古至今，沒有一個絕對的地域觀念。碼頭文化，這個詞並不含貶義，內河碼頭和外洋碼頭，三江五湖、五洲四海的客商都能成為生意夥伴，都能融合在一起。

這裏所說的「融合」，不含主賓關係。漢口是一個移民城市，外地商人的融入和本地商人的接納，本地商人的參與，外地商人的接納，彼此之間，相輔相成，融為一體。破除門戶觀念，消除地方主義，淡化家族生意，強化股份合作，是作坊生產形式走向大工業化生產形式的必由之路，先有西方商行的經營模式，後有張之洞的官辦工業的樣板，漢口商人貴在「懂得」。

本埠商人和外來商人聯合，集資（或合資）創業（或是投資參股），在漢口當年是一件十分常見的事。

一九〇七年，浙江商人宋煒臣投資創建既濟水電公司，由漢口本埠商人和江西商人多人參股；原籍江蘇長成於漢口的陳光甫，一九一五年在上海創辦上海商業銀行，一九一九年，聘請武昌工商世家傳人周蒼柏擔任上海銀行漢口分行行長。

一九二二年，徐榮廷創立裕大華集團公司，高管理層中，徐榮廷和張松樵是武昌人，蘇汰余是四川巴縣人；一九三四年，江西籍漢商黃文植邀集創建大孚銀行，投資者有本埠商人和江西商人，譬如江西籍鹽商胡賡堂。

一九二七年一月，收回英租界運動，西方商行和銀行相繼撤離漢口，連帶華商經濟利益受損，漢口總商會會長周星棠代表漢口華埠商人，提交抗議到英國商會，要求賠償大家的經濟損失。

契約經濟取代倫理經濟，市場經濟取代血緣經濟，優勝劣汰，適者生存，人才和資金的彙聚，資質和經驗的融合，誠信包容，目標一致，八十年商場競爭，漢口商人取得成功的關鍵。

國計民生，公道人心

有人說商道即人道，也有人說，商道即王道，我認為，兩者兼而有之。

從古至今商界的傳統，也是漢商的傳統，舊式說法是「行善積德」，新式說法是「慈善業」——致力慈善有兩種方式，個人行為和團體行為，慈善行為的社會化團體化和城市近現代化的程度相關，當年，漢口的慈善業主要由商人來承擔。

一九一〇年，漢口商界巨富劉宗三等發起組建的漢口慈善會成立，承辦社會福利事業，一九二二年，由漢口商界名流賀衡夫主持，中國紅十字會在漢口設立分會。

漢商之中，慈善家非常多，以扶弱濟貧、扶危解困為己任，無論天災還是人禍，幾乎從無退縮，出錢出力出對策，無論是否漢口人，只要是漢口商人，就會以漢口為故鄉，與漢口民眾共存。

一九三一年漢口大水，漢口商人走在賑災的前沿。漢口商會三任會長黃文植捐款二十萬，漢口梅神父醫院院長陸德澤派遣醫療隊，漢口紅十字會會長萬亞伯聯絡賀衡夫以紅十字會名義賑濟災民，漢口慈善會會長蔡輔卿任湖北水災急賑委員會救濟股主任期間積勞成疾遽然辭世……

抗戰期間，漢昌肥皂廠創建人陳經畬，在漢口和南京開辦孤兒院，在江蘇和湖北開辦九處難民救濟所；漢口富商陳仙洲，捐獻價值三十萬元私人收藏，購買飛機，支持武漢保衛戰。

武漢淪陷時期，黃文植斷然拒絕日佔領軍希望他出面主持漢口商會的邀請，隱居法租界閉門謝客。

晚年的陳仙洲將家鄉田產分給農民，將漢口四千平米的私人地產捐獻於教育。

百十年間，漢口商人一直以「高標」來規範自己，經商與做人，同時並舉，掙錢與行善，同時並舉，做人和立業，盡可能做到「善始善終」。

民為國家之本。致力慈善，過問民間疾苦，可說是為國分憂，天災降臨時，如此，國難當頭時，更是如此。於商人來說，關注國計民生，是對社會的回饋，也是對個人道德的要求。

支持和參與，責任與義務

工商界與革命的關係，中國近現代史研究重要課題之一。資產階級革命，資產者應該是當然的主力軍。近代以來，由於漢口的地理位置及其政治經濟等原因，或是成為革命爆發的基地，或是成為戰爭攻克的目標，近一百年以來，中國境內發生的戰爭或是變亂，從來都沒有略過漢口，漢口民眾無從選擇，漢口商人也一樣，所以有人認為，漢商和革命，天然的聯繫密切，其實這之中也有主動和被動兩種因素。不過，歷史的看，漢商對於革命的態度，總的來說，是積極擁護和積極參與的，因為，他們以「革命」為家國大事，以為「革命」是社會變革的必需，作為一個商人，應該有「介入其中」的責任和義務。我猜，他們一定是這麼想的。

漢口商人支持一九一一年的辛亥革命，因為對晚清腐朽政權不滿。例如，蔡輔卿和李紫雲組合漢口商界全力支援革命黨人抗擊清廷軍隊的陽夏保衛戰。

支持一九二六年北伐軍進入武漢，因為對吳佩孚佔據湖北為軍閥混戰的據點不滿。例如，漢口工商界組織參加北伐軍進城的盛大慶典。

歡慶一九四九年武漢解放，因為對國民黨內戰造成的經濟困厄不滿。例如，一九四九年武漢解放前夕，華煜卿等人成立了民建地下組織，陳經畬組織成立了漢口人民和平促進派，賀衡夫、陳經畬、王際清、趙忍安等人受邀參加中共地下組織主持的武漢市民臨時救濟委員會……

商人參與（或介入）革命，與以革命為生的革命者不同，他們，對於革命的期盼，是革命後的和平和安寧，而不是天長日久的轟轟烈烈。

山西商人在漢口

地理位置的重要以及區域環境的優越，中華內陸的經商者必須重視漢口，財勢傾天下的山西商人自然不會例外。

當年在漢口的晉商，經商項目十分龐雜，據漢口《山陝西會館・志》記載，有茶葉、煙葉、布匹、藥材、絲綢、瓷器、竹木和桐油……

山西商人，最早以鹽業發興，四川岩鹽，江蘇淮鹽（京杭大運河為另一北上之途），上下水路集於漢口，再由長江入洞庭湖，南下湖廣、貴州；或由漢水北上，樊城起坡，運往陝北、甘肅和

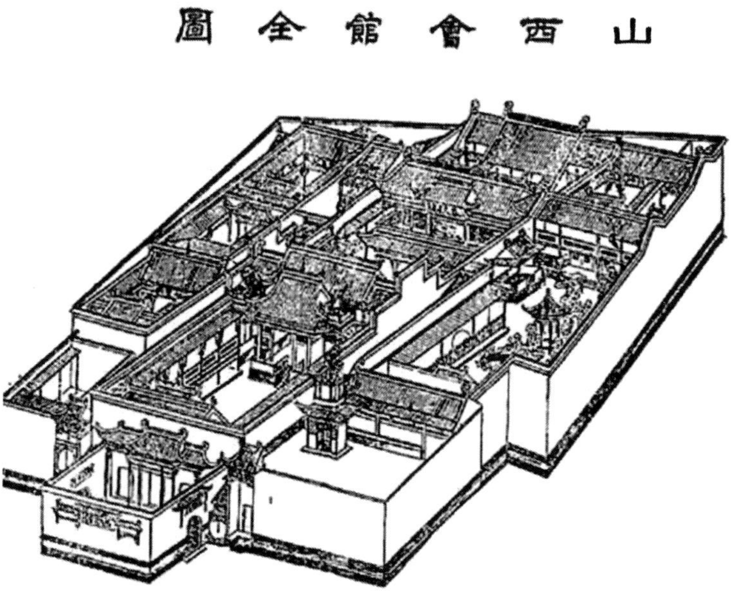

漢口山陝會館圖（古建築圖）

隴西。其他商品交易也如此類推，只不過是隨著時代變遷及經濟發展，商品的品種以及商品的流向所發生的變化而已——例如清中葉至清晚期，現代工業催生的西藥、機械以及煤炭貿易，海外交往暢通引發的華俄茶葉貿易等等。

晉商茶葉貿易

晉商和漢口，最為緊密的維繫紐帶是「漢口茶市」，山西人在漢口經營茶葉的歷史前後長達兩百年，茶葉是

文字記載清初漢口茶市盛況：「街市每年值茶時，甚屬盛望。屆時則各地茶商雲屯霧集，茶棧客棧俱屬充滿，坐轎坐車絡繹道路，比之平日極為熱鬧……」

山西商人所做的，就是將收購到手的茶葉，從漢口起運北上直到俄國——一條跨越亞歐大陸的「茶馬古道」，以漢口為源頭。

二〇〇七年七月，在湖北邊界小城趙李橋羊樓洞茶場，聽到這樣一個傳說：明朝末年，山西商人從嶺南（五夷山）及湖南販運茶葉到漢口，途中經過羊樓洞，發現這地方的水土與嶺南一般無二，認為是茶樹栽培的好地域，於是將嶺南帶來的茶種交當地人試種，後來遍山茶樹長成，後來成為遠銷俄國的羊樓洞茶葉基地。

其實，這個傳說並不確實，史料記錄，羊樓洞茶山的興起始於明朝中期，後來，被到南方收購茶葉途經此地的山西商人慧眼相中，捨遠而求近，大量收購，當地加工成茶磚，水路從長江到漢口，然後北上出國境——也許是感念山西商人的商貿開發，所以在茶山當地有了上面的「傳說」。

至今趙李橋還保存著一條明清石板街，街道兩旁，排列著木結構青磚老屋，當年是買賣茶葉的店鋪。小街曾經繁盛無比，店鋪商家多是山西人，把持趙李橋的茶葉貿易，前面店鋪，後面工廠——數十個茶葉加工作坊，如今無一留存，剩下只有青石板上的深深凹下的車轍——當年運載磚茶的獨輪車碾壓的印痕。

參入跨國貿易的羊樓洞青磚茶，在給山西商人帶來巨大的財富的同時，也更加奠定了「黃金茶港」漢口的國際地位——當年，一日不可無茶的俄國人，通過晉商，享受到中國的茶文化；通過晉商，知道了中國的漢口。

茶業而外，影響漢口最大的是山西錢莊。

開埠之前，私人錢莊是漢口銀錢業的頂樑柱，開埠之初，西方銀行與中國錢莊平分秋色。漢口錢莊極多，經營最好的是山西人。「在太平天國叛亂以前，漢口是以一個完整而富裕的銀錢業體系而自豪的。每家銀號照例擁有六千兩至二萬兩的資本，而山西票號的財富更是數以幾十萬兩計算。在那個時期，漢口有著大量的北方來的資本。同時聽說利率也不高於英國的一般利率……」

史料記錄，從清初年起，晉商已是中國金融業的開山之祖，當年「幾乎壟斷了漢口所有的匯兌業務……至於商人同外埠的業務往來，多由富裕的山西票號佔先，它的作用幾乎與英國的銀行同樣重要。」

在漢正街歷史博物館，看到一幅清代傳下來的銅板畫的複製本（原畫今存於荷蘭），名為《洗臉的銀行家》，細膩描繪清代漢口錢莊老闆優裕的日常生活。在沒有考據的情況下，我將畫中的「銀行家」推斷為山西錢莊的老闆，因為當年興盛於漢口的私家金融業，山西人的霸主地位無人可與爭鋒。有記載說：山西錢莊給予主要經營者（現代人稱「經理」）的日常待遇「極為優厚」。

無論「口內通商」還是「口外通商」，中國大陸的城市、集鎮和鄉村，南北西東，漢口，永遠是一個「中心點」，收購、囤積、運輸，三個環節，缺一不可。漢口具備這「三個環節」的全部需求。海內商家以它為商貿經銷旅途上的「大本營」，於是漢正街有了諸多的山西商號和山西票號（錢莊），也有了山西會館（山陝西會館）。當年在漢口的山西商人，多以漢正街一帶為「家」，很多人甚至在此「終老」（見《晉商會館文化》一文）。

漢口山陝西會館

康熙二十二年（一六八三年），山西商人會同陝西商人，在漢口的漢正街與後湖之間的一片空地上，聯手興建「山陝會館」，即「山陝西會館」，具體位址是當年的藥王廟以西，夾街以北，保壽橋以南；今天的藥幫巷以西，大夾街以北，全新街（當年的關帝街）以東，保壽橋以南。會館內供奉關帝塑像。因為位於藥王廟以西，會館名稱內有一個「西」字，山西人和陝西人在漢口被稱為「西人」，所以漢口人稱為「西關帝廟」。

網上文字：「在每地的商業會館中，都包括了山西各地的商人與眾多的行業商，如漢口的山陝會館就由太原幫、汾州幫、紅茶幫、合茶幫、卷宗茶幫、西煙幫、聞喜幫、花布幫、西藥幫、土果幫、皮貨幫、眾帳幫、核桃幫、紅花幫、當幫、皮紙幫、匯票幫等組成……」

上述商幫，有的是以地區歸劃，有的是以行當歸劃，這就不一一細述，總之，漢口山陝會館的參入者，包括所有在漢口行商的山西人（陝西人，本文先不提及），一座集眾人之資，由團體共建的館舍建築，館舍主持為平民社團，一個鬆散性的民間組織。

關於會館的定義，解釋的人太多，此處不述。

早已毀掉的漢口山陝西會館，如今僅存的幾件「實物」：

一篇文字——《漢口山陝西會館志》，是漢口兩百多所會館中唯一修志的一家；

一幅建築規劃效果全圖——《漢口西會館總圖》；

一副拍攝於二十世紀初年的黑白照片——大殿以及殿前的臺階；

兩塊石碑——一塊斷殘，一塊完好，分別刻有「山陝西會館」五個指書大字。

關於這個會館，紙媒網媒報導極多，有人「詳盡」描述當年盛時盛象，也不知從哪裡查到的資料？其間「漏洞」一眼識破，所以也不打算照錄，只揀可信度高的文字錄在這裏。

當年漢口，會館及公所多不計數，漢正街的山陝西會館規模為所有會館之最——山西平遙人翼麟寫道：「國朝（按：指當朝清朝）以來，繁盛稱最，廟宇隨在競勝，金碧照耀，惟西會館規模正大，雅冠眾構」。

二〇〇七年五月遊開封山陝甘會館，建築風格的富麗絕倫，給人印象極深。由上一段文字可以推測，漢口的山陝西會館，與開封的相比，只能是有過之而無不及。

從歷史資料照片上來看：人與大殿的比差，漢口西會館大殿的高度，絕對高過開封會館大殿，氣勢雄偉得令人震懾。再看《漢口西會館全圖》：高牆聳立，殿閣層疊，庭園幽深，不知有多少風物景致囊括其中。大門外有三鬥鐵旗杆，與門樓等高。進門樓往裏走，前後數重大殿，白石臺階，白石扶廊，畫棟雕樑，金瓦碧簷。前一重大殿殿後設大戲臺，後一重大殿殿中設關帝塑像。每逢節日，會館開戲，庭園兩側廂房二樓，連排雕花隔扇窗依次推開，樓上樓下，殿內殿外，觀者如堵。

《晉商會館文化》一文：「漢口山陝會館內就建有正殿、財神殿、七聖殿、文昌殿等四座戲臺」，另有文章說有七個戲臺。

山陝西會館，是山西和陝西的行商旅客當年在漢口的家。

二〇〇七年八月，來到漢正街，找到藥幫巷和全新街（當年的關帝街），一位住此地六十年的老人告訴我說，這方圓一片的街市，便是西關帝廟的遺址。

咸豐四年（一八五二年），太平軍入漢口，洪秀全以西會館為「天王府」，屯兵紮營，準備進取武昌。兩年後，會館在戰火中焚毀。同治九年（一八七〇年），太平軍之亂平息，山西、陝西商人集資重修會館。光緒二十一年（一八九五年）竣工。前後二十五年，工程浩大繁複。

一九三七年，日軍空襲漢口，放過長江沿岸「租界區」，專揀六渡橋以西的漢口老城區，及京漢鐵路以北的漢口貧民區投擲炸彈。位於漢口西部漢正街邊的山陝西會館毀於一旦，留下一片廢墟，斷壁頹垣，荒草叢生，直到一九四九年以後。

日軍侵華時期遭到毀滅性重創的山西商人，再也沒有能力修復這座中國當年最大的晉商會館。據全新街的老人說：一九四九年後，會館廢址上建過工廠，文革時期為露天倉庫，二十世紀末將一片地段的房屋徹底拆毀改建成簡易商埠。

我從紛繁稠密的小商埠之間的狹窄巷道鑽進去，企圖搜尋到當年一點點的「蛛絲螞跡」，簡陋殘舊的民宅之間，只剩下腳下踩踏的幾條青色長石。

從老關帝街（現在全新街）直行數十步，便到了「保壽礄」，這裏，曾經是山陝西會館（西關帝廟）往後湖（即漢口北城門）的必經之地。當年的漢口老城，漂浮在湖泊沼澤之上，行三步走五步，就會遇到一座橋，漢口地名與橋相關的很多。

清道光十四年（一八三四年），山陝兩省水煙號商人集資重修保壽橋，青石橋欄上，一面刻有「道光十四年西秋月山陝水菸（煙）眾號建修」，另一面刻「保壽礄」三個楷書大字。今天，湖沼填平，石橋變成石路，湖面上建起居屋、住滿人家，橋面還在，橋欄還在，橋欄上的刻石還在，留下一點舊日的印痕。

晉商的衰落

晉商衰落的原因，和漢口相關的說幾句：

漢口開埠以後，西方現代金融業介入中國城市近現代化進程，西方各國銀行在漢口的興盛，國內官辦及私辦的現代銀行業的興起，兩相擠兌之下，堅持傳統票號觀念的山西錢莊不得不退出激烈競爭的金融市場。自然這其中的原因一言難盡，從後幾年的華商金融發展史來看，北京、天津、上海的華商銀行為何後來居上？一是依靠中央政府（有清政府及北洋政府的財力支撐），二是全面吸收歐美金融制度的優點（銀行制度及法律效力替代個人信譽），三是充分利用沿海經濟資源及現代經濟發展的優勢（例如江浙銀行業）——上述都屬山西商人的「弱項」。

第二次鴉片戰爭，簽定天津條約，西方國享有「殖民特權」，俄國商人不遠萬里來到漢口，拋棄山西茶商的「仲介」運作，強勢「介入」漢口茶市的「從始至終」——從漢口直到湖北邊境趙李橋羊樓洞茶場，收購、加工、運輸，一條龍作業，後幾年將茶葉加工工廠從趙李橋搬遷到漢口長江邊的租界區，引進歐洲現代工業技術，蒸汽機壓茶，高速高效製作，以漢口為始發地，三條路線北上販運青磚茶至符拉迪沃斯托克、莫斯科和彼得堡

——從一八六一年之前，至一九一九年之後，俄商壟斷漢口茶市六十年整，六十年中，迫使山西商人全線退出華俄茶葉貿易。

第一、二次鴉片戰爭打開中國國門，推動中國政治經濟近現代化的發展，從封閉自守的農業國變為一個國際通商貿易往來的開放國，在沿海、沿長江的開埠城市中，外洋經濟和民族經濟並行興盛，例如香港、廣州、廈門、上海、青島、營口（劉莊）、大連、漢口、九江、重慶等。

清末至民國初年興盛起來的工商業者（例如浙江人、江蘇人、廣東人、湖北人等）走這樣幾條路：一是政府官員的洋務運動（也稱「自強運動」），例如張之洞和李鴻章；二是做買辦起家，例如上海徐潤，漢口劉歆生；三是留學歸國後轉入商界（或是金融業及實業），例如上海商業銀行行長陳光甫；四是依靠另外方式積聚錢財然後投身或投資工商金融業，例如從軍從政或是有家族支助等，例如孔祥熙。

無論取哪一類型的興家立業的手法，一個總的經驗是必須向「洋人」學習，向西方學習，向世界上先進的國家學習，學習他們的技術和經驗，進而學習他們的政治制度、管理體系、思想文化以及生活方式。

「適者生存」，山西人當年就是沒有能夠適應這一切，他們宣導的儒家道義學說以及封建倫理體系，再也難以融入中國城市近代化發展的洪流中去了。興盛三百年、縱橫數萬里、富甲天下、雄踞海內的晉商就這樣垮掉了，此後半世紀悄然無聲息，以至於後來人弄不清中國曾經有過他們的存在。

武漢大學

武漢大學被稱為是「世界上最美麗的大學」，因為它的校園環境和校舍建築。當年，古武昌城城圈，東面，至觀音山長春觀而止，如張擇端的《清明上河圖》，一圈厚厚的青磚城牆相隔，兩扇厚厚的黑漆銅釘的城門相隔，城內是紅燈綠酒的市井，城外是紅花綠樹的鄉野。

武漢大學位於當年武昌城的東郊，一個有山有水的好地方。長江中游龍崗平原的地貌特徵是「山不在高」，不高的山巒在平原上連綿起伏，不顯崔巍，更顯秀媚，山與山之間，大大小小的湖泊星羅棋佈，遠看如古人青綠山水長卷。

武漢三鎮之中，長江南岸的武昌地勢最高，境內湖泊眾多，山嶺連綿，最著名的三座山是蛇山、洪山、珞珈山。蛇山在西，洪山在中，珞珈山在東部偏北。蛇山是武昌建城之根，也是武昌城市的中心；洪山雖在武昌古城之外，因為有寶通禪寺，數百年以來香火不絕遊客不絕；珞珈山在二十世紀之初還是一座荒山，距離城市遠，距離城鎮之間的道路也遠，沒有風景名勝，也沒有居住村落，一片與世隔絕的空山淡水。

珞珈山，原名落駕山，也叫羅家山，武漢大學建成之後，聞一多來校擔任文學院長時改名珞珈山。山形半彎，一側臨湖，另一側與獅子山相連，形成「∩」形山脈，秀峰蜿蜒，淺穀平坦，雜花亂樹五色繽紛的山間春夏秋三季。

珞珈山的自然之美除了山的本身之外，還有與山緊臨的那一片大湖——武昌城東郊的東湖，平野上攤開得漫無邊際，珞珈山在湖畔立著，玲瓏精緻的影子映進廣漠浩大的湖水，空間遼闊而靜寂，這樣一種美，是自然的，也是精神的，這就是武漢大學的美麗之源。

武漢大學建校之後，東湖的開闢隨之而始，二十年後，東湖風景區在與武漢大學半湖相隔的對岸建成。

一九二八年，李四光和葉雅各來到這裏，被這座緊挨著一片大湖的山凹之地所吸引，認為是武漢大學新校最理想

武漢大學工學院

的建校基地，此後才有了珞珈山的今天和今天的武漢大學。

從建築學上來說，這是一個不因循守舊的選擇。山嶺凹地，地質結構複雜，工程難度可想而知。歐洲和美洲幾所世界一流院校，自然風光與建築人文兩相契合的，例如英國的牛津和劍橋，例如美國的哈佛和耶魯，都是平地上建校舍，即使是地處丘陵山地，也要避開峰巒凌厲的山脊。但是武漢大學偏偏就別具一格，依著山的走勢，順著水的形態，在山與水之間，在山與山之間，在山的峰嶺坡谷，興建起一座前所未有的規模宏大的建築群落。

山頂山坡建教學樓和宿舍，山谷凹地建運動場和花園。仰望，巍峨高聳的綠瓦宮闕，俯視，花木扶疏的園林和平坦整潔的操場，模仿古希臘劇院高下呼應的圓形階梯式建築模式；以山頂圖書館為中軸線的頂端，左右平行上下有序的建築排列，模仿古中國殿閣中軸

武漢大學圖書館（資料照片）

對稱矩形排列的建築模式。

設計師凱爾斯，美國人，麻省理工大學畢業，一個極其迷戀東方文化的西方人，在完成這項工程的設計規劃之中，傾注了一種近乎使命感的熱情，東方的建築形態，西方的建築構架，東方的風骨，西方的血脈，東西方文化在這裏融合得自然和諧。

整個工程由漢協盛、袁瑞泰、永茂隆三家營造廠以及上海六合公司聯合承建施工，艱苦卓絕的施工過程，難以想像的困難和阻礙，斷斷續續，前後十一年，其中，寧波人沈祝三主持的漢協盛營造廠因此破產。

武漢大學：包括工學院、體育館、圖書館、文學院、法學院、學生宿舍、學生會館、科學會堂、半山廬等。磚混結構和鋼筋混凝土結構，二至三層建築。一九二九年始建，一九三二年完成主體工程，一九三八年完成全部建築施工。占地面積二百公頃，建築面積七萬多平方米，耗資三百萬銀元。

武漢大學是中國近代第一所大學，建校歷史的悠久，超過一八九五年創辦的天津大學和一八九八年創辦的北京大學。前身為一八九三年湖廣總督張之洞創辦的自強學堂，中國晚晴四大學府之一，另外三所學府是張之洞創辦的兩湖書院（武昌）和廣雅書院（廣州），上海盛宣懷創辦的南洋公學（上海等地交通大學的前身）。

湖北自強學堂校址在武昌三佛閣大朝街口，一九〇二年改名為方言學堂，校址遷到武昌東廠口。此後改為武昌高等師院（武昌高師），後改為武昌師範大學。一九二六年十月組建成立國立武昌中山大學。一九二八年七月，改組為國立武漢大學，組籌備委員會，李四光任建築設備委員會委員長，繆恩創為校方總體建設監督工程師。一九二九年開始在現址建設新校，歷時三年大部分建築完成。一九三二年春，全校師生遷入珞珈山新校區。

一九三八年十月，日本侵略軍攻入武漢，武漢大學師生遷到四川樂山開課辦學。武漢淪陷期間，日軍佔領武漢大學校舍為醫院，校舍建築因此而留存。一九四六年十月，武漢大學遷回武昌珞珈山校址開學。

一九四八年，英國牛津大學致函國民政府教育部，確認武漢大學文理學士畢業生平均成績在八十分以上者，享有「牛津之高級生地位」。

一九四九年以後，人們不再將武漢大學所在的珞珈山認為是城外郊野之地，貫通武昌的武珞路經過街道口，珞瑜路直達武漢大學校門口。

從武昌珞瑜路到街道口，左轉朝東湖的方向，看見「國立武漢大學」石坊，雪白雕花的石柱和橫樑，往裏走一條直道，走進珞珈山，也就是走進了武漢大學的校園。

半個世紀，城市圈不斷外擴，武漢大學也劃歸於市區的中心，記得幾年前來這裏，路邊還看得見金黃的稻田，翠綠的菜地，開滿荷花的湖汊和式樣簡陋的小木船，現在再來，一切都看不見了，田園漁耕景致變成規劃整齊的綠地和花壇，之間樹起一棟棟白色的新樓。

兩山相交形成的一塊凹地，一個躺下的「⊃」形，開口處是從山外進入山間的通道，也就是進入武漢大學主建築群的入口——波光粼粼的一池碧水，枝葉伸張的幾株法桐，大片如絲的淺草，幾畦如火的花木，三三兩兩的人，樹陰下，草地上，坐著或是躺著，每一次來這裏都看到的感覺到的安靜和安寧，如果在陰雨天，這樣的感覺更甚，行人稀少的校園，空曠而靜寂，所有的美都歸還給你身外的風景，那才是真正的安寧。

右邊一條路往山上走，松林和桂樹的枝葉間濾出的幾縷淡金色陽光，石路很乾淨，順著山勢緩緩向上，最先看到建在獅子山上的工學院，一九三四年的建築，主樓四角重簷，綠瓦翹簷，中國古典風格。石階多層向上進入大門，正立面為方框玻璃結構，現代主義風格，光亮從天頂直瀉而入。兩側附樓覆羅馬式穹頂，穹頂下懸著小小陽臺。開裂的牆面，縫隙間搖曳著幾莖長草，飽經滄桑的樣子。

工學院正面對著山凹闊大的運動場，站在工學院前面白色石欄邊，攝影機鏡頭可以收進對面山上與之遙遙相對的理學院。

我去的攝影的那天正巧是夏季六月，畢業生即將離校的季節，幾個穿學士服的女學生在石欄邊拍照留影，藍袍紅顏和藍天下美麗的教學樓疊映在一起。

繞運動場半圈，山凹的另一邊是理學院，一九三〇年的建築，拜占庭式半球頂，如一隻傾覆的巨型鳥巢。室內設有階級式下陷大教室，天花板和地面如同兩隻對合的碗。兩側配樓為化學樓和物理樓，之間有石廊相連接，歇山連脊式屋頂，立面牆上開大窗，細柱條橫豎間隔的窗鄙和門漆暗紅色的漆。

山坡和山凹林木森森，松樹、杉樹、樟樹、梧桐樹，當年葉雅各費盡心力地園林種植，終於在十年、二十年、五十年後蔭庇了後來者。沿著林陰幽暗的山間小路，蟲在葉片底下低鳴，鳥在枝條間撲扇翅膀，白色的野花密密匝匝開滿一整個夏天，如果在晚上，如果在林子裏走，荊棘扯掛衣服和皮膚，遠處青蛙的喧噪，四周漫無邊際的夜色，看不到林子的盡頭，雲散開，水銀的月光從樹梢上頭頂灑下，樹與樹的間隙中昏黃色的燈光閃爍，帶你找到白色片石鋪墊的林間路。

從理學院走出來，順著山坡上的林間石板路來到武漢大學學生宿舍——齋舍。

學生齋舍：漢協盛營造廠營造。磚石結構，建築面積三萬多平方米，房間三百間。依山的斜坡而上建起石頭階梯，既是向上的直行通道，又是每兩幢單元樓體之間的連通橫道。宿舍大樓立面灰褐色的石質牆體，屋頂單簷歇山式。

學生齋舍一側，山坡上稠密的樹林，腳下踩著潤濕的苔蘚，四周很靜，高大的灌木叢長著掌狀葉片長枝條伸向路邊，石頭階梯九十五級，順著齋舍側邊的灰牆，從山腳鋪向山頂。順山勢而上的這幢龐大的老屋，圓形門洞的幽暗中，有女孩走出，到明亮的戶外晾衣物，驀然間以為是古畫中人。

武漢大學的學生宿舍和別的學校的宿舍很不相同，依山勢而建，正立面一字排列開去，巨大而挺拔，氣勢很宏大，如是不熟悉者，根本就不會以為是學生宿舍，而會以為是一幢聯體的教學或教研大樓。站在如古城牆的宿舍樓的牆根底下向山上望，平直厚重的高牆和高昂銳利的翹角，粗獷莊嚴得猶如西藏高原石頭堆砌的廟宇。

齋舍門前有一條平整寬敞的水泥道路，便是聞名中外的櫻花大道，武漢大學校園主通道，沿著珞珈山山坡的底部縱貫武漢大學，兩邊連綿成行的櫻花樹，樹枝懸垂在行人的頭頂，每天每時，過往路人絡繹不絕。

一九三八年十月至一九四五年五月，日軍佔領武漢大學作為司令部和後勤部（其中也有部分房舍作戰地醫院），從日本運來櫻花樹移栽在學生宿舍的門前，生在島國的樹種在這異國之地生長得非常好，每年春天，櫻花盛開，據說當年為了慰籍日本軍人的思鄉之痛。

櫻花盛開在武漢大學的三月，那是一個綠色的生命的季節，山是綠的，湖是綠的，樹是綠的，草是綠的，山上山下的琉璃瓦頂也是綠的，櫻花大道上的櫻花盛開，一枝枝，一樹樹，一團團，一簇簇，燦爛的紅色讓人目不暇接，空中飄灑著櫻花花瓣，重重疊疊地從高處傾覆而下，如花雨，層層疊疊鋪滿道路，裹在大堆的花瓣中，滿身滿頭都是粉紅色的花的精華，空氣中飄蕩著甜潤的花的香氣，每一片花瓣都似乎嚼碎在嘴裏，用舌用齒才能嘗得出那種柔嫩芬芳的味道，那一個時候，你才能知道，賞櫻花，光用眼睛是不夠的。

從齋舍正中的石階，筆直一條上山的路，武漢大學圖書館位於珞珈山的最高處，一九三三年建，漢協盛營造廠承建，華麗恢宏的中國古典宮殿式建築，平面「工」字形，建築面積六千多平方米，正中間殿堂跨度十八米，單簷雙歇山頂，八角形塔樓高聳。石基、石階、石欄、額枋，雕刻著精美的圖案。

東、西兩側為文學院和法學院，建築樣式完全一樣，單簷歇山頂，四層。文學院建於一九三〇年，法學院建於一九三六年，兩幢樓都為漢協盛營造廠營造。

翡翠色的琉璃瓦，白玉石的石台，天空透明，太陽閃爍著金屬般的光澤，塔形松和古柏，美人蕉和夾竹桃，綠樹紅花——一幅巨大的印象派油畫。

記得很多年前的一個夏天，我們在武漢大學園子裏跑來跑去，年輕興奮而且無人管束，每天傍晚爬上九十五級石階，爬上圖書館的台基吹風乘涼，站在山頂可以看見山的另一邊的風景，站在珞珈山頂縱覽連天的湖水，那樣的感覺終身難忘。

二〇〇七年重來，順著齋舍正中的石階朝山上走，上到山頂最後一級臺階，迎面看見圖書館熠熠閃光的琉璃瓦頂，闊大的廊簷下坐著兩個年輕的學生，男孩和女孩，相擁親吻，在正午的陽光下，旁若無人的樣子。往裏走，天花高拱的閱覽大廳，靜悄悄地，坐滿埋頭讀書的學生。

櫻花大道以下的山的凹處遍植花木，桃花和玉蘭，桃花開時，滿坡滿樹，花朵鮮媚濃烈如絲絨。鵝卵石小徑，「之」字形上下山坡，石桌石凳散落在花樹和草地之間，那裏是人們常常歇息的地方，很多學生來這裏復習功課，三三兩兩的，占住一張石凳和一片樹陰，一個上午或一個下午。

學校體育館，校園中心地帶的另一側，地上二層，建於一九三四年，上海六合公司建造，西式山牆，中式琉璃瓦屋頂，輕型鋼架屋樑，運動場過去大片學生宿舍區是杏園。

半山廬在山間林莽荊棘的深處，順著山道往南，走很遠很遠，一路問著，好幾個學生都說不知道，後來總算在山崖的轉彎處找到。

半山廬是十八幢獨立別墅，武漢大學教師宿舍，建於一九三二年，繆恩釗、沈中清設計，胡道生合記營造廠承建。英式鄉村風格，清水磚牆，紅色坡瓦，木結構外置的陽臺和門廊，石階在山間和林間「之」字形上下穿行，連接著這些分散建在山坡和山腳的小洋樓，香樟和酸梨棗，松樹和杉樹，枝繁葉茂地生長，樹葉間閃出聳起的尖頂和山牆，樹的影子和日頭的影子交錯搖曳，泥地上投下團團光點，嶙峋的山石，清澈的溪流，山石上攀爬的藤蔓，溪流中漂浮的水草——野趣天然的居所，只是離塵世太遠。

二十世紀三十年代，這裏是名人聚集名流薈萃的地方，很多的故事和傳說流傳到今天。二十世紀末期，居民逐漸遷移到山下，老屋一天天頹敗，山林間的石徑沉埋荒草。

從山中走出來，夏天變成了秋天，山坡和山凹，梧桐葉子黃了，楓樹葉子紅了，杉樹葉子萎成乾涸的褐色，天透明如水晶，秋風卷起葉片，飄落在綠色瓦脊上和白色石階上，秋天，是古典式建築最好的映襯，天氣一天天冷，風一天天凌厲，下雪的日子，珞珈山特別美，寒假的校園人跡稀少，山上山下一片空虛的潔白。

從櫻花大道一直朝校園深處走，翻過山梁看見武漢大學後門，走出校園，這裏是東湖之濱，空間非常開闊，聞到新鮮潤濕的湖水的氣味，湖邊飄著長長的垂柳，湖水泛著粼粼波紋，剛才的一切，山和建築，映在身後，湖面在你的眼前慢慢地展開得無限寬闊，然後慢慢地沉沒到紫灰色的暮靄中去。

過往煙雲

有時候在封頂的天井裏坐著，有時在幾米厚的圍牆上坐著，天井裏很溫馨很小資，碎裂的藍色馬塞克地坪，光滑清涼，細細碎碎聊天，牛肉煲仔和酸榨果汁，加上一杯紅酒，圍牆上很文化很爽氣，看南京路北段的街上的車輛來去，看對面街邊的紅綠男女，街上的世俗近在咫尺，高牆上雅致濃得化不開，普洱和鐵觀音，宜興茶壺和撇口瓷杯，從茶道談到文學，高聲朗誦古往今來詩詞歌賦，一時間，氣勢傲王侯。

巴公房子

漢口洞庭街和鄱陽街、蘭陵路和黎黃陂路，兩條直街和兩條橫街交匯的地面，矗立著一幢巨大的紅磚砌成的老房子，像一艘行駛在海面的大船，∧形的船頭將街面往兩邊劈開，角尖處，街道朝五個方向呈星狀幅射，這樣優美怪異的街區的構圖，在規劃佈局得橫平豎直的中國現代城市之中已經很少見了。

這一幢霸住了整整一個街區的紅磚老建築物，就是老漢口人十分熟悉的「巴公房子」。

巴公房子，老漢口當年最大的一幢整體型公寓樓。樓高四層，地面三層，地下一層。居民由樓房兩側分數個門洞進入，沿樓梯曲折向深向上，每一套居室保持獨立，相互間又能宛轉溝通。尤其是臨著洞庭街的那一側，有廊簷、有露臺、有曲欄、有拱券、有立柱、有身姿嬌俏的女孩子飄搖出入……站在街邊，凝目而視，它的美麗和滄桑，永遠都令我歎為觀止。

居處和休閒場所在這一片街區之中如此緊密地糾纏在一起：巴公房子早已不是一幢純

粹的公寓樓了。大樓的一層和底層開設了好多間酒吧和茶室，還有賣早點和宵夜的簡易餐室——玩的、樂的、鬧的、靜的、雅的、俗的，都有——這裏成了漢口市區最聚人氣的休閒娛樂區。

和攝影師去現場拍攝，是一個星期天的下午。巴公房子周邊的街區顯得清冷而落寞，酒吧、茶吧、桑拿城、美容院一色兒懶洋洋地閒著散著。

有網友說：

中原電影院門口的烤鱔魚、烤牛板筋是武漢著名小吃點之一。

有網友組織的「車行天下」的活動地點就選在中原電影院夜市，涼粉、啤酒加聊天。可惜為此文拍攝的那一時刻，上述的「美食」和「美景」，我們都未能遇見。弟弟說因為我們來的時間不對，晚上才是不夜城。於是，華燈初上、人眾喧嘩、笙歌弦管、酒綠燈紅，我只能想像。

曾經伴隨我半個世紀之中無數次娛樂時光的中原電影院，悄然退縮到狹窄的一角，臨街軒敞的門臉讓位給了今天的寶馬會酒吧。奪目光亮的穹形門廊，典雅紅色的幽靜廳堂，侍者在光滑地磚上穿梭走動——據說這裏是武漢市高層白領理想的消閒去處。

小的時候，一隻手捏著一毛錢一張的電影票，另一隻手捏著五分錢一根美的牌冰棍，夥著小夥伴們嘻鬧著跑進電影院的大廳……時光流逝如水，眼前的一切，讓人恍若隔世。

中原電影院，一九四九年前的上海電影院，好萊塢二戰期間拍攝的黑白或彩色的經典影片曾在此輪番放映。更早之前，這兒是戲園子，一九三八年七月六日，第一屆國民參政會在漢口兩儀街（洞庭街）武漢大戲院（今中原電影院）開幕。一百六十二名參議員和國民政府各院、部官員等共千餘人參加了開幕大會。在檔案館找到這張老照片：國民參議員站在武漢大戲院門口的人行道邊，背景依稀可見後來中原電影院臨街的那一爿門簷子。

從中原電影院朝前走，轉到巴公房子∧形的銳角尖端的那一頭，面對四條街交匯的空闊的街心，曾經有間理髮廳，去那兒理髮的人要從高高的石頭臺階走上去，十多層臺階，才能跨進到玻璃門的裏邊去——但是在我們去的那一天，這間有著近百年歷史的漢口「上海理髮廳」突然消失了，由一所美容院取而代之。照片上可以看到新的門面正在裝修之中，我弄不清楚其間更替的原因。

美籍華人女作家聶華苓在她的一篇回憶中這樣寫道：「一九二八年，我家住在漢口舊俄租界兩儀街（今洞庭街），正是桂系控制武漢（的時期）……俄租界兩儀街的三岔路口，有個上海理髮廳。無論什麼店，招牌上有了上海兩個字，就時髦起來了。那理髮廳出出進進的女人，打扮的也格外好看，高高的領子，喇叭袖子，旗袍兩旁開一點兒小衩，衩口如意盤花，腳上是三寸空花高跟鞋，手一招，汽車開來了。理髮廳對面有一個白俄女人開的小店，玻璃櫥窗裏擺著一把彩虹小陽傘，永遠擺在那兒，逗得我心癢癢的。母親說：你有好幾把小洋傘了，不准再買了……」

她文中提到的「三岔口」，自然指的是巴公房子尖端四條街的交匯之處。今天，「上海理髮廳」已經消失不見，也不會再有擺著小花傘的白俄女人開的小店——彌漫在心的是溫馨的懷舊的感覺。

與巴公房子隔鄱陽街斜對的一幢大樓是舊時的惠羅公司，ㄏ形大樓，轉角處對著街心，如今開一間「零點牛仔酒吧」，特地製作的粗獷的木質大門，美國西部風格，也許屬「重金屬搖滾」那一類型的酒吧。

漢口俄租界俄商巴公房子（左）和英商怡和房子（右）。

惠羅大樓臨著鄱陽街的街邊，有一間上世紀初俄國人開的餐館，名「邦可西餐廳」，也稱「邦可西點店」，經營各式精美西點和西式菜肴。曾經進去過，上二樓，房間內空很高，燈光幽暗，鋪著淡黃色枱布的小方桌的中央放著帶鋥亮金屬勾環的玻璃作料瓶，牛扒和羅宋湯，地道的俄式口味。手頭兩張照片，拍攝時間分別為：二〇〇四年四月的某天和上世紀的四十年代——照片上看「邦可」，倒也看不出歲月滑過的痕跡。

「邦可」的間壁隔著兩家是「漢口鄱陽街一三九號」，中國共產黨「八・七會議」舊址，一間漂亮的私人公寓樓。大門進去，兩道樓梯並列直上（怪異的建築結構），二樓的房型拱券透空，構築成典雅的西班牙式。在一間幽暗的幽靜的大房間裏，按照當年（一九二七年八月七日）開會的實況，擺放著深色木漆的中式長桌和靠椅。

巴公房子隔著街心的斜對過，黎黃陂路邊有一幢高大的老建築物是舊時的「中華基督教信義大樓」，一幢專為租界內的洋行職員、教會神職人員，以及各商行會館工作人員提供膳宿的公寓大樓。時過境遷，大樓早已作為它用，由街邊的鐵欄杆樓梯走上去，大樓一層新開設了好幾間搖滾酒吧——也許，這就是今天「巴公房子」周邊街區的娛樂時尚。所以，我猜，來這片地段玩樂的多半是城市部族中的年輕消費者。

太陽從老建築的樓頂斜斜地墜下，我們的「巴公房子周邊街區」的拍攝工作也告一段落。弟弟的摩托載著我馳在回家的路上，忽然，他問：「為什麼要叫『巴公房子』？」

是呀，為什麼要叫做「巴公房子」？

我想：今天去那兒玩的年輕人，他們會不會關心這個？

看來還是得從「巴公」講起：

巴諾夫（J.K.Panoef），俄國貴族，沙皇尼古拉一世的表兄，一八六九年來漢口，一八七四年與莫爾強諾夫，彼恰特諾夫，拉薩丁等俄國茶商集資本兩百萬兩創辦阜昌磚茶廠。一八六九年，漢口俄租界設立，巴諾夫被推舉為俄租界市政議會（即俄工部局）的議員，後又被沙皇政權任命為俄國駐漢口領事館總領事，因其社會地位顯赫，當時人尊他為「巴公」，和他的在阜昌磚茶廠任機械師的弟弟——齊諾．巴諾夫（CherePanoef），並稱為「大巴公」和「小巴公」。

一九〇九年，J．K巴諾夫投入資金十五萬兩，由景明洋行工程部設計，永茂營造廠承建，在長江邊的西商跑馬場（即今天漢口鄱陽街和洞庭街一帶）建起了一幢紅色的磚木混凝土結構的大樓，供在漢口各洋行的外籍員工租住。房子總建築面積四千九百三十七平方米，兩室一廳和三室一廳的房間共二百二十間，為漢口當年最大的公寓樓。公寓樓二層伸出多處樓梯直接與街道相通，式樣華麗而格局多變。上海理髮廳這一端的三樓頂層，聳立著一個尖帽形的廳室，俗稱「纏頭尖」，建築學稱為「帳篷頂」，屬地道的俄羅斯建築風格（光照的原因在我們的圖片中顯得很淡）。面對著蘭陵路的另一端，二樓的窗戶頂上，磚牆上刻有橢圓形圖案框，清晰可見「一九一〇」的字樣，那是大樓的竣工日期——老漢口人俗稱為「巴公房子」，因房主而得名。（見拙著《夕陽無語・武漢老公館》）

資料載：巴公房子為巴氏兄弟倆的共同產業，房體以中段空隙處分為「大巴公」建築部分和「小巴公」建築部分。

除此之外，巴諾夫還將所買下的三教街（鄱陽街）的一塊地皮出售給英國洋行，由英怡和洋行大班杜百里主持修建了惠羅公司大樓、怡和房子以及珞珈山（碑）路公寓群。

當年的俄租界，巴公房子周邊的街區，街道修整得平坦光潔，街道兩邊栽植行道樹，建起公寓區和商住樓，街邊大大小小的商店擗比鱗次：俄國波羅館（夜總會），萬國美容院，拔佳皮鞋店，哈爾濱餐廳，美宜琪餐廳，美的麵包房，邦可西餐點心店，士列士酒吧，美琪酒吧。入夜，燈火萬盞，璀燦奪目，一個金粉繁華的西人生活區自此形成規模——那是漢口開埠後的「黃金時代」。

一九一四年至一九一七年，世界時局急劇變化，一九一九年，俄商在華的茶葉生意由盛而衰，一九二一年後，巴諾夫淡出漢口工商界舞臺，轉而向天津發展，成為天津白俄社區領袖級人物——因為他和被處死俄皇的親密血緣——據傳於上世紀四十年代初，突發急病死在從天津到武漢的火車上。

時間的灰，悄然流失，一百年過去，當我來到的這一天，老房子依然屹立在原地。

法國巡捕房

法租界巡捕房，後來的武漢市衛生防疫站，位於漢口岳飛街（霞飛大將軍路）二十一號，一八九五年建成，一八九六年入內辦公。

磚木結構及磚混結構，佔據車站路、岳飛街、中山大道三條街之中的街區，一幢面積宏大的建築體，因建築年代早，設計者及施工者不詳，從房屋樣式推測為法籍設計師，推測由上海請來的施工隊，因為當時在漢口，既無建築設計公司，也無建築工程公司（即營造廠）。

一八九六年，俄、法兩國將漢口英、德租界之間的空白地段作為兩國租界，俄租界緊接英租界，占地四百一十四畝；法租界南靠俄租界，北接德租界，占地一百八十七畝。史載：當時，漢口舊城牆尚未拆除，這一帶多為沼澤爛泥地，租界劃定，法界管理者招商引資投入開發，平土開路，建房構屋，這一片地皮才漸漸興盛起來。

聽說京漢線建設，一九〇二年，法租界向中山大道以北越界擴張，一九一九年至一九二〇年，越過中山大道，擴至漢口大智門火車站周邊，擴大面積四百九十二畝。法界巡捕房所在位置就屬於當年法界擴張區。

租界在漢口，等於國中國，一切管理機構隨之完善，每一租界的管理機構有工部局（相當於今天的區政府）、巡捕房（相當於警察局）及領事館（外交機關），各司其職。資料顯示：「和漢口其他租界不同，法租界巡捕房由法國領事直接管理，其人員的任命、停職、罷免等由領事負責。巡捕房員警的開支由工部局負擔……」

工部局在巡捕房的隔壁，一般的情況下，工部局董事會主席由法領事擔任。漢口法國領事館設於一八六一年，一八六五年在漢口洞庭街八十一號（今市政府幹部宿舍）建領事館館舍。

上述機構和當地政府有橫向聯繫，當地政府對它們有建議權而無領導權。

法國巡捕房高層領導為法國人，底層工作人員雇請華人和越南人，當年漢口人稱越南人為安南人。因越南為法屬殖民地，來漢口工作的這些越南籍巡捕和英巡捕房的印度籍巡捕一樣，對上級領導人（英人和法人）十分效忠，維護租界秩序，十分忠於職守，對華人無論窮富都沒有任何好感。

史料記載：一九二一年，法巡捕房輯查漢口人力車夫罷工及鬧事事件（砸法巡捕房門窗玻璃）；一九二八年，參與武漢國民政府清黨事件，抓捕共產黨人向警予。

除類似政治事件而外，維護這一方城區秩序及民居安全，法界巡捕房起到了它應該起的作用——漢口法租界採取相對自由人性的管理，成為漢口新城區（指當年）的消費娛樂中心，戲院、電影院、商店、飯店多得不得了，還有賭場和妓院，四方來客，八方遊人，喧囂和混亂，都得有人來調理妥貼。

漢口五國租界，法租界最晚撤界——德租界一戰期間撤除，俄租界一九一八年撤除，英租界一九二七年（被迫）撤除，只有法界，二戰時維希政府派人前來，從日佔領軍手裏接管法租界，於是，八年抗戰，漢口法租界成為戰時流亡者的蔽護地，全國各地逃難者不願遠走的就留在這裏，法國唯希政府也算是積了一點善德。

一九四五年，二戰結束。法國戴高樂政府委派人員接手漢口法租界一切事務。

一九四六年二月，中法兩國政府簽訂《關於法國放棄在華治外法權及有關特權條約》，漢口法租界正式移交中國，漢口法界巡捕房的工作結束。

法國巡捕房，平面構圖為不等邊四邊形，中山大道和岳飛街（霞飛大將軍路）兩個邊長較長，是建築的側立面，車站路（瑪領事街）一側為建築背面，朝蔡鄂路這頭一端為建築正立面，即主入口處。

巨大的紅磚樓房，寬厚敦實，如一只趴在地上的獅子，地下兩層，地下一層，花崗岩基座凸凹不平、堅固無比，似乎想在漢口留存永久。正面呈凹字形，兩邊樓體凸出於中間樓體，古典式三段構圖，簷線腰線厚而突出，十九世紀建築樣式，覆鬥瓦頂，強調法蘭西風。屋頂正中立著一個細長尖帽頂鐘樓，鐘樓正面，下開圓窗，上嵌鐘盤。正面一層，外牆裝飾豐富，貼牆羅馬柱，雕花柱頭，雕花窗飾，雕花牆面。左右拱券大窗，正中拱券大門，雕花門扇。靠岳飛街一側建有凸出透空大陽臺。

巴羅克風完美呈現，曾經是漢口中山大道下段最引人注目的建築物。

關於這幢老樓，法國巡捕房即後來的武漢市衛生防疫站，武漢人熟得不再熟，因為它所在的位置，中山大道街邊，與大智門火車站很近，與武漢電影院和解放電影院也很近，只要搭火車就會往那裏過，只要看電影也會往那裏過，除此之外，它的周邊，老建築多的是，長生堂（老理髮店）、德明飯店（後來的江漢飯店）、和利汽水廠（後來的美的食品廠）、蕭耀南公館、海關監察處（後來的武漢檔案館）等。

上世紀八〇年代末，政府部門授權開發商拆毀法祖界巡捕房（武漢市衛生防疫站），因為地基太過堅固而使用炸藥，爆炸聲震撼漢口城區，百年老建築化為一堆瓦礫——記得那幾年，漢口市民口口相傳，歎息不止，憤慨不止。

美國領事館

美國（總）領事館：漢口車站路一號，今武漢市人才市場（武漢市人才交流中心）．。建於一九〇五年，磚混結構，由廣興隆營造廠承建，設計者不詳。

地屬俄租界，與法租界隔街相對。比較沿江大道上的古典主義建築，這一幢建築顯得怪異一些，一幢融合了新古典主義和巴羅克風格的四層磚砌樓房，房頂自第二層起就逐層向上地聳起，形成錯落有致的不規則屋頂樣式，最高層構築出的八角塔樓俯瞰長江江面。

樓房內部裝修十分豪華，走道為水磨石地坪，房間全鋪木地板，至今保存完好。

美國人和漢口的關係非常微妙，來得算是最早——美國駐漢口總領事館開館時間為一八六一年四月，和英駐漢領事館開館時間同一個月——但是八十多年的時間裏，一直不如英國對漢口的影響力和操控力，自然是因為商行和銀行都不如英國人多，而且也沒有在漢口設立租界。

先以為，美國人自稱不在海外設置這類「殖民主義」管理方式，後來，有專家查到史料說，本來要設漢口美國租界，一九二七年英租界事件使美國人放棄了這個打算。

和英、法、德、日、俄等國不同，美國人在漢口似乎並不熱衷於建造屬於自己產權的領事館建築，前前後後幾處館址都是向他人租用的，例如車站路1號，有資料顯示原房主是一位俄國富商。

美領事館先設在漢陽，因為漢陽是湖廣總督張之洞的工業基地；後來遷到漢口長江邊，因為二十世紀初漢口租界區飛速發展，漢口對外貿易飛速發展，長江北岸停泊的美國商船和美國軍艦有需要交涉的一些事務，於是在俄租界臨江處租了這幢漂亮的紅磚大樓為領事館駐地，待了很多年之後於一九三六年遷出至英租界（當時為第三特別行政區）亞細亞火油公司四層辦公（漢口天津路一號今臨江飯店）。

遷移的原因不清楚，猜測：可能是對舊俄租界（第二特別行政區）的安全管理不太放心。英租界雖然被收回，英人在那個地區的勢力依然十分強勁，第三特別行政區（即英租界）以英人和華人共管，依然參照英式傳統管理這片城區。然而在舊俄租界，沙俄倒臺，蘇維埃不願接手，舊俄租界地面管理鬆弛，房屋舊損，貧富雜處，日漸頹廢沒落。這樣的社區環境是美國人不喜歡的。

一九四一年十二月七日，珍珠港事件爆發，十二月八日，美國對日宣戰。

當天，日佔領軍闖進英亞細亞大樓，抓捕美國總領事及領事館工作人員，和當天在附近（天津路十號）抓捕的英國駐漢總領事等一道，上船押送上海，將兩國領事官員同時驅逐出中國國境。

美國領事館被迫在這一天閉館。

美國在中國的威望和強勢，在第二次世界大戰中才顯示出來，那一個時期，英國已經衰頹，而美國鋒芒銳利，太平洋、北非和歐洲戰場，幾乎所向無敵。

一九四四年十二月八日，美空軍對漢口日本佔領軍「虐俘事件」進行「報復性」大轟炸，一天之內出動飛機一百七十多架次，德日租界區幾乎「夷為平地」，英租界也沒放過，亞細亞大樓（當時已被日軍佔據）樓頂中彈。

一九四五年，抗戰勝利後，美領事館重新開館。

一九四九年十月一日，北京開國大典，美國在中國使館及領事館於這一天關閉，漢口美領事館也一樣，美國駐漢領事館工作人員於這一天（一九四九年十月一日）離開漢口撤出中國大陸。

一九五一年，美朝戰爭爆發，中國參戰，美國政府下令所有美國商船一律不許停靠中國大陸任何一個港口，美國在漢口的商行和銀行也於這一年全部撤離。

一九四九年，中美兩國政府外交斷絕；一九五一年，美國政府直接下令兩國民間貿易往來斷絕，這樣的狀況一直持續到一九七九年。

聖約瑟天主堂

聖若瑟天主堂：漢口上海路十六號，又稱上海路堂，武漢人俗稱上海路天主堂。一八六六年（清同治五年），義大利天主教方濟各會明位篤主教購得漢口英租界土地五千零五平方米，這是一大片離長江江邊很近的沼澤，後幾年，堆土填石墊高地基。一八七四年，委託意籍教士余作賓設計並監工建起主教公署，一八七五年（光緒元年）開始修建教堂，一八七六年建成，耗資十二萬法郎。

奉聖若瑟為主保，教內稱聖若瑟堂。磚木結構，兩層，建築面積一千零二十四平方米，建於花園山聖家堂之前十五年，兩幢建築在風格上有很多相似，人稱「姐妹堂」。

聖若瑟堂建築平面為拉丁十字，長四十米，橫二十六米，三拱廊的中間正廳寬十四米，正面地坪到堂頂十字架處高二十二米，正殿後側左右各有圓形塔式鐘樓一座（一九四四年十二月被炸毀了其中一個）；一八九九年，在十字形橫頭前端增修左右側殿。

巨大山花正立面，巴伐利亞風朝哥特風的過渡，兩扇遍佈浮雕的褐色大門，板材是從國外用船運來漢口，是一棵大樹鋸開的木頭。

大廳空間高而寬大，設祭台五座，可同時容納二千餘人，為武漢市最大的天主堂。

當年，明位篤主教兼管武昌和漢口的義大利天主教教區，一八七四年指示修建漢口教區主教公署及座堂，一八八〇年（光緒六年）在聖若瑟堂左側（隔今鄱陽街）開設漢口天主堂醫院（即一九四九年後的武漢市第二醫院），明位篤主教（一八八三年）病逝之後，由田瑞玉主教接任，在任期間創辦中國訓蒙修女會、武昌文學中學、漢口聖若瑟女中（今武漢市十九中學）、漢口法漢中學等。

一九二三年劃分教區，漢口代牧區（也就是漢口總主教區）設在漢口上海路，而武昌花園山則為武昌代牧區。兩個代牧區分別管轄湖

漢口上海路聖約瑟天主堂禮拜大廳

北各個地區，天主教鄂東教區的活動中心便由武昌移到漢口，漢口首任代牧區主教為田瑞玉。

一九四六年，漢口代牧區升為漢口總主教區，羅錦章受羅馬教廷命為首任總主教。

文革期間，聖若瑟堂所有宗教活動停止，教堂遭受破壞，整個天主教堂區被人佔用，一九七九年底收回復原，一九八〇年四月天主堂重新開放。

目前，上海路天主教區為武漢市天主教會教務活動中心，聖若瑟堂每天清晨舉行彌撒儀式，教友百餘人參加，星期天早晚共舉行四台彌撒，每逢盛大節日，如耶誕節，連同進教堂觀禮的人，人數達到兩千人以上。

一個周日，大門洞開，牧師正在主持一個婚禮，新娘穿著白紗，遠遠地在祭壇前坐著，唱詩班在頭頂上（廳內的第二層）唱著頌歌。

一個輝煌華麗的大廳，純白的牆面的底色上點綴著鮮豔色澤，偶像、祭壇、器物、雕刻，光線從大廳兩側長窗的彩色玻璃透過，金黃的吊燈自高深拱頂懸垂而下。

大廳一側開有一個側門通花園，花壇裏鮮花盛開。

俄羅斯東正教堂

阿列克桑東正教堂：也稱俄國東正教堂，漢口鄱陽街四十八號，現在仍然作為東正教教堂。

建於一八八五年（有說是一八九三年），單層磚石結構，面積二百二十平方米，是武漢市唯一的俄國東正教堂。該堂主保為阿列克桑德聶夫，所以教內稱為阿列克桑德聶夫堂。

漢口天津路與鄱陽街交接的轉角的一個院落裏，完好地保留了一座俄國東正教教堂，建在比街面高出五十釐米的地基上，建築形式受拜占庭風格影響很深，磚石結構，單廳，穹頂，底層牆面由透高拱券組成，外牆有壁柱、拱券、雕刻的線角做裝飾，牆面八塊拱券，屋頂上為八塊綠色鐵皮鑲嵌成的小尖頂，六角形單層建築，中軸線前後有門，另外四角為厚牆逐層向內收進的尖拱窗框，頂部立大十字架，並有風向儀。

一座風格變化樣式靈動的異國建築物。

二〇〇一年，從那裏經過，看到了的是被歲月風雨晦蝕的褪色的教堂的穹頂。

關於這座教堂的來歷，史料有兩種說法：一說是建於一八九三年，俄皇太子尼古拉（即俄皇古拉二世）來漢口參加新泰茶廠的慶典出資捐贈給俄國僑民；另一說是一八七六年由俄茶商波特金從俄國運來建築材料，初建活動教堂，一八八五年由俄駐漢口副領事伊萬諾夫徵英租界工部局首肯（當時俄國在漢口未設租界，教堂建在英租界地面），將教堂改建成為正式教堂。不論哪一種說法，這個教堂的建立都與漢口的俄國茶商有著密不可分的聯繫。不過，我傾向後一種說法。

一九一九年之後，俄國茶商（教區內最富有的一批教民）先後離開漢口，教堂的境況也日漸淒涼。

二〇〇四年再來，眼前煥然一新，三年前的蕭條破敗不留一絲痕跡，這一切都是商業市場運作的結果，對於這座老教堂總歸是好事。

東正教堂前面的院落不算小，特別是城市地皮如金的現代，不知道怎麼被保留下來的？算是它的運氣。院子裏並不是只有一座教堂，其實另外還有一幢建築，「，橫線地點是教堂所在，豎線位置是一幢橫向長方形的三層樓建築，為教職人員辦公和住宿之處。

東正教講究典儀的隆重和宗教用物的華美，尤其是教堂內部的裝飾特別華麗。這所教堂當然不能和俄國本土的教堂相比。但是依然沿襲了教派傳統，空高的穹頂之下，吊燈、壁畫、祭壇，裝飾儘量講究。

鴉片戰爭後，東正教開始傳入武漢，主要信徒是在漢的俄僑，而中國籍神職人員亦多為華俄的混血後裔，所以，在武漢，信仰東正教的中國人很少。

俄羅斯東正教於一六七一年傳入中國，一九〇〇年前後在中國多個城市建教堂，一九一八年後流亡中國的俄國人增多，在華教民急增，漢口鄱陽街阿列克桑東正教堂是俄國僑民思鄉的去處——遠離故鄉的歲月，宗教是俄國僑民的精神支柱。

十九世紀末到二十世紀初，在漢口，俄僑的人數僅次於日僑，多半在舊俄租界內租房或購房居住，有的和華人混居或是通婚，一九五三年，離開了一大批，一九八〇年後，離開了剩下的一批（包括子孫）。

一九四五年，莫斯科東正教與在華的俄東正教於歸宿問題產生分歧，沒有達成一致。一九四九年至一九五六年，在華東正教俄

漢口俄羅斯東正教教堂

神職人員相繼離華，中國成立自主中華東正教會，與國際上的任何東正教組織體系斷絕聯繫。

一九四九年以前，鄱陽街東正教堂的神職人員為俄國人，後來換成的神職人員是中國籍——阿爾巴津俄滿混血後裔。

瑞典行道會教區

瑞典教區舊址，建於一八九〇年，位於武昌區曇華林街九二號一一〇八號，典型的歐洲古典主義建築。

武昌曇華林，從徐源泉和夏鬥寅公館所在的那一個大院走出來右轉，沿曇華林小街朝西走沒幾步就到瑞典行道會教區，如果不是網上看了介紹，根本就不認為那是北歐人住的地方，路邊立一個很大的中式牌坊，進裏邊另有風景。

最先看到的是幾幢殘舊不堪的西式住宅樓，從眼前立著一幢開始，一幢又一幢順山勢而上，拱券外廊，漢白玉臺階，雕刻的牆飾，圓木樓梯扶手，當年的華麗已經被雨打風吹去，物質還在，精神早已沒有，肉身腐蝕，剩下的一具乾癟的百孔千瘡的軀殼。

這就是基督教瑞典行道會於一八九〇年建起來的教區，一組北歐風情的建築物，背依鳳凰山，門臨山凹中開闢的曇華林小街，以一道中式牌樓和周邊分隔，山上山下，植樹栽花種草，花木森森掩映幾幢小樓，白色廊柱，白色拱券大窗，月光如雪鋪上漢白玉階石……

一切的殘損、破舊、污穢等等統統掠過不提，這幾幢誕生於上世紀末的老房子總算是苟顏殘喘地活著。

在這個大院裏，主教樓、神職人員用房等，以及瑞典行道會開設的真理中學老齋舍基本上都在，拆掉了一座基督教真理堂。

瑞典行道會：一八九〇年十二月二十五日，瑞典行道會差派的傳教師韓宗盛等四人抵達武昌曇華林，開始湖北的傳教活動。初來十年，進展緩慢，「總會設在武昌，轄管省內沙市、黃岡、麻城、浠水、監利五個區會」。一九一八年，在武昌江邊建成漢陽門生命堂（已毀）為中心教堂。武漢共建三個禮拜堂，發展信徒三百人。

一九三六年，瑞典行道會派傳教士夏定川來漢主持教會，同時派任為瑞典駐武漢領事館領事。一九四九年三月，行道會加入中華基督教會。一九五〇年後，中華基督教會英美傳教士撤離武漢，夏定川以中立國身份行使教會總代理權職。一九五二年的形勢使他無以立足遂回國。

二〇〇五年，政府撥款修復曇華林部分老建築。

曇華林街九十七號，瑞典行道會教區隔街對面的一幢老樓，今天，開一間名叫「融園」的咖啡館，畫家藝術家文青小資的集散地。

從瑞典行道會教區後面的一棵大樹繞過去朝山上走，山坡上有一段古城牆，青磚斷石，十足滄桑，猜想與曇華林三義街石瑛故居院內那一段老城牆相連接。

花園山義大利傳教區

花園山天主堂，是一個「俗稱」，因為教堂建在武昌花園山，所以武漢人習慣這麼叫；因為它屬於義大利天主教會，所以又叫它義大利天主堂；因為本堂主保（即供奉像）為聖瑪麗亞、聖約瑟和耶穌一家子，所以，教內稱呼聖家堂；為了和別的地方的聖家堂區分（例如巴塞羅拉聖家堂），所以又稱武昌聖家堂。

武昌聖家堂是義大利方濟各會武昌教區主教座堂，這個建在花園山頂的教區是包括座堂、主教公署、花園山育嬰

武昌花園山聖家堂

堂及其教區房舍的一個建築群，人稱武昌花園山義大利天主教教區。

一六九六年，西元十七世紀，羅馬教皇自行任命湖廣代牧區，但是，因為有康熙的「禁（西教）傳教令」，根本就不可能來中華內地傳教，一八三八年才派出傳教士悄悄來湖北，一八五六年正式劃湖北代牧區，首任主教為方濟各派教士徐伯達，一八六二年明位篤繼任代牧主教，在此期間，法國獲取對中國天主教會「保教權」，武漢天主教會活動才由「地下」轉為公開，教區設置遷到武昌。

明位篤在位期間，一八八〇年（清光緒六年）購買花園山的地皮，由傳教士江成德設計並監造主教公署大樓（現在聖家堂旁邊的山坡上橫向而立），如一「凹」字，正中主樓寬闊展開，兩側向外伸出一截樓體樓高兩層，外廊設計，兩層共有大小房間四十餘間，正立面簷額上安裝一座時鐘；樓內設圖書館，收藏中外圖書精品。建造這幢大樓，一共用去白銀八千兩。

一八八三年，明位篤去世，江成德繼任主教，在位期間，主持建造一系列教區建築，其中最為恢宏的就是聖家堂。

江成德是神學專科兼習建築學，而且以建築學為畢生的愛好追求，一八八九年，主持修建新主教座堂（原有的座堂規模很小），主體工程於一八九一年完工，耗銀一萬兩，一八九二年十二月十七日正式開放，命名聖家堂，禮拜堂大廳可以容納一千人。

正立面坐北朝南，因為座落在高地（山坡上），由下而上數十級臺階往上攀，所以到這裏的人只得取一個仰望的視角（路面很低），於是更顯教堂如山聳立的雄偉。正面牆以四根貼牆柱為裝飾，柱高二層，柱頭支撐寬闊的簷部，頂上為巨大的有兩個三角空窗的山花。

厚牆小窗，典型古教堂的特點，正面兩個方窗開得不算大。主入口有兩個拱券，外圈一個為外牆裝飾，內圈一個為拱門，兩扇木質厚門。拱券大門頂上正中，也就是外圈拱券之內，開一個圓形花窗，六片花瓣為六個個透空圓，正中（花心處）裝有一架日晷儀，可以觀察北半球日影的變化，合成一朵玫瑰花的標誌。

大堂內空高拱的天花頂上，飾以精美的雕花圖案，貼著純金金箔；主入口兩側的牆壁上刻有橄欖枝圖案石雕，當年也曾以純金片裝飾。

民國十二年（一九二三年）以後，此教堂為武昌教區主教座堂。

聖家堂背後的天文臺已成廢墟，推測毀於一九三八年之後，高牆上殘存半圓形穿空水泥體，告訴我們，之前有一個穹頂塔式建築物，蛋殼狀的穹頂或許能夠開合，這樣才可以仰望星空。

一九三〇年，艾原道主教在花園山義大利教區開辦育嬰堂，也正是這一座育嬰堂使一九四九年以後出生的我還有其他人知道了武昌有個花園山。

一九四〇年，郭時濟繼任代牧主教，太平洋戰爭期間，因為他的美國國籍以及波蘭血統曾經被侵華日軍拘禁在上海。這一段時間，花園山天主堂是否停止活動？我不清楚。抗戰勝利，一九四六年，武昌代牧區升為教區，郭時濟為首任主教。一九五一年，因「花園山育嬰堂事件」被捕關押，一九五三年被驅逐出中國國境。

此後，花園山教區由中國籍神職人員繼任代主教，文革時一切宗教活動停止，武昌聖家堂被改為工廠，內部設施以及內外建築裝飾遭到嚴重毀壞。

一九八三年十月，聖家堂修復一新，恢復宗教活動。

上智中學

上智中學：漢口球場路六十四號，現武漢市第六中學。

最早為德華學堂（一九〇三—一九一七），為一九〇三年德國傳教士所創立，買下了漢口西郊後湖地區（即今之校址所在地）一片土地，獲准建校。當時為荒僻低窪之地，從鄰近一帶取土填成校舍的基地，並從德國運來紅松木等建築材料施工建校。一九一四年，一戰爆發，德僑回國，一九一七年，中國參加協約國宣佈對德作戰，學校停辦。

一戰結束，漢口德租界被當時北洋政府收回，德華學堂被接管，改名為湖北省立漢口中學，後曾多次更名，順序為湖北省立第三中學、湖北省立漢口中學、湖北省立第三中學、湖北省立第二中學。

一九二八年，德租界恢復，德國人收回學校產權，德華學堂原址上的湖北省立二中一部分停辦。一九三一年，湖北省天主教總主教希賢報請義大利政府，從「庚子賠款」內撥款在漢口創辦一所男子中學。獲准後，於一九三三年三月，從德國東方學會買得德華學堂全部產權，一九三五年六月，「私立漢口上智初級中學」成立。

從一九三五年直到一九五三年，漢口私立上智中學（男校）設校十八年，入校學生多為達官貴賈的子弟，是當時武漢三鎮著名的一所貴族學校。校園開闊，校舍典雅，前臨大片湖泊田野，側面和背後與怡和村花園以及西商跑馬場相連接，空氣清新，環境幽靜，是一個安心讀書、舒心休養的好地方。

武漢淪陷，學校撤離，校舍為日軍佔據。一九四五年，由學校方收回。抗戰勝利之時，國民黨第六戰區長官部由恩施移至漢口，曾駐紮上智中學。

一九五一年至一九五三年，韓戰期間，學校外籍教職員陸續離開武漢，校務空缺，一九五三年二月，市政府接辦，改校名為武漢市第六中學，至今。

一九六二年至一九六五年，我在武漢六中讀過三年初中，這是我一生中最後的幾年正規學校教育。

六中老教學大樓非常漂亮，可惜在二十世紀末期它已經被人毀掉了，不知道為什麼要毀掉這樣一幢美麗典雅的老建築？這跟毀掉國家博物館裏的藝術珍藏有什麼區別？

橫向和縱向都為三段構圖，縱向三組凸出房屋以凹下部分連結，左右兩側凸出更多，平面近似於一個凹字。紅瓦坡頂，三組建築立面頂為山花，中間為主體部分，山花大一些。橫向構圖以突出腰線分隔，層次非常分明，不作牆面花飾，營造一種教會學校的嚴謹氛圍。

從圖片上看，三個山花和下面的樓體在立面作自然的斜形過渡，頂部閣樓的半圓窗和主體樓層的多個長窗相交映襯，使整幢建築於厚重肅穆的古典中透出幾絲靈活飄逸的神韻來。

底層設主入口。八級石階進入，入口處有一不寬闊的門廳，入口內縮，以避風雨，木質大門，進門去有一間過道式廳室，兩邊走廊左右伸展便進入教室。中廊式建築。二層和一層內部建構相同，三層有區別，水磨石樓梯。

清水紅磚外牆，木制百頁長窗，窗框、窗頁、門框、門扇全塗磚紅色油漆，底層為水磨石地板，二、三層為全鋪木地板，長條木板鋪裝，室內空間很高，但是光線不算太好，因為這幢老樓的整體建築平面為長方形，房屋正中沒有設天井採光，完全靠四圍四堵牆開窗採光，每一層都有好幾間房的間隔，儘管樓房開窗比較多，但是光照仍然有限。

讀初二時，我在這一幢老房子三樓的生物實驗室裏待了整整一個星期（勞動課），整天和兩具站得直直的骷髏以及滿屋子的玻璃瓶標本作伴。

二十世紀六〇年代的「六中」，昔日教會學堂的學風尚未盡失，師生禮儀尚存，文雅之風猶在，而且是市內著名的一所花園學校，每年春天，老教學樓前的幾棵櫻花樹上櫻花盛開，輕紅粉白一片——後來才想到，可能是淪陷時期從日本移栽至此，和武漢大學的櫻花樹一樣。

漢口吳佩孚公館

漢口南京路一百二十四號，現為吳家花園，是一間茶室。

吳佩孚和武漢的淵源很深，很多年裏，都是坐鎮開封，上操控北京，下操控河南、湖北和湖南，他和湖北情感很尷尬，愛不是，恨不是，湖北對他，也一樣。

在漢口他有兩幢公館，先住岳飛街（霞飛大將軍路），後來這一塊地皮劃入法租界，於是又遷至模範村吳公館（因為他曾誓言絕不入住租界），即今漢口南京路吳家花園，包括三層樓花園洋房一幢，以及側面橫向而立的一幢二層樓房。據說，花園洋房為吳佩孚和夫人張氏居住，二層橫向樓房為其護兵兵營。

公館所選的位置屬漢口安靜的居住區，與中山大道和江漢路的相距為一個直角，角尖處即是吳公館，離鬧市區也不算太遠，重要的是離京漢鐵路近，幾百米之遙，如果想要離開漢口，或是從河南或者是北京來漢口，沿鐵軌上下火車都很方便。

和別的公館的院牆建得不同，吳公館的院牆仿照舊時總兵官邸，騎馬式牆頭，牆砌很厚，上面能夠容幾個人行走，砌女兒牆。

公館為中西式風格的融合，整體為古典主義歐式，但是佈局仿中式廳堂結構，由石階進入大門，一個方正客廳，兩邊有房間，可以是書房，也可以是小會客廳，而且，也許有一間曾經是餐廳。經過客廳有一個很大的四方天井，既可以採光，又緩衝了朝內進入的速度，天井過了是一間正房。樓頂平臺的面積很大，由上面可進入樓後部另外的房屋。

一九二六年以後，吳公館的房產轉讓給一個西班牙傳教士，後來，又轉給湖南天主教會。

一九四九年後，林彪第四野戰軍進城駐防於此，此後這幢公館以

漢口南京路吳家花園院門

及側面的附樓劃撥為紅軍第四方面軍老紅軍住宅。

二十世紀末，政府將房產發還給湖南天主教教會，後有鄧氏兄弟租來開了一間茶社。

北洋政府時期吳佩孚任兩湖巡閱使，掌管湖南和湖北——湖北省軍督兼湖北省省督蕭耀南是他一手安排到湖北來的——除了兩湖，擁兵鎮宋河南更是他的地盤。和袁世凱一樣，野心大，志向高，一心想統治中國，但是時運不濟，半生受挫，和北京政府屢次鬧僵，和北方軍閥作戰屢次戰敗，下野落難時連個安身的窩都找不到，幾次三番想來湖北，但是蕭耀南不讓，湖北工商富戶也不讓，蕭省督害怕政權旁落，湖北士紳害怕引來戰火，都知道吳大帥雄心勃勃屢戰屢敗，害怕戰火燃到湖北武漢，弄得士農工商不得安寧。

不過，攔不住吳大帥在漢口有幾處安身之地，這就是吳公館的來歷。

二〇〇七年，我去北京，在東城區大片里弄之中辛苦尋找北京吳公館，找到後卻非常失望。舊址被某機關佔有，花園中亂搭亂建，舊時風貌無存，園中老樹空對半爿夕陽。想到漢口吳公館，得租主愛護恢復當年的神形韻致，成為武漢文化藝術界人士流連聚集之地。

記得小學生時曾經來過這裏，敲開這扇臨街的院門，看望住在院內的「老紅軍爺爺」。

今天想起，有一些感慨，假如當年不給林彪四野占住，落到某機關單位的手裏，命運也好不過北京東城區魏家胡同。

當年，蕭耀南突然病死武昌，吳佩孚得到機會掌控湖北軍政大權，立即聯合孫傳芳圍攻廣州國民政府，引得戰火燒身。一九二六年七月，廣州國民革命軍正式出師北伐，一路向湖北攻來。

一九二六年，武昌城下，吳佩孚被唐生智、葉挺打得大敗，北伐軍進武昌，吳佩孚攜張氏夫人在為數不多的護兵簇擁下，從漢口倉惶逃到四川，被四川軍閥楊森好心收容。楊森因此被南京國民政府免去一切軍政職務，重新落草為寇，讓人羨慕舊時軍閥間的情分和義氣，如《春秋》也如《水滸》，讓後世掌權軍政人物自歎不如。

吳佩孚公館正大門

一九二六年，北伐軍進城，國民革命軍來到吳公館，宣佈接受「逆產」，只見吳公館內外一片狼籍，自鳴鐘在搖擺，衣物扔了一地，人去樓空，滿目淒涼。

所謂北伐，說得好聽是一場革命，說的不好聽是南北搶權，成則王侯敗則寇，吳大帥的面孔前後數次被勝利者書寫的歷史抹得一團漆黑。

但是，在我心裏，他是個了不起的人，複雜的人生，複雜的人性，傳奇的人物，一個文人，一個軍人，一個君子，一個梟雄，民國初年，曾經受到很多人的尊崇，我想這之中絕對有他的理由。

經常和朋友來南京路吳家花園喝茶，喜歡這個地方，小院子，老房子，厚圍牆，高亭子，濃陰覆蓋的大樹，綠葉茂密攀牆藤，水池裏的紅魚，客廳和房間的幽暗光線和老舊的擺設。

有時候在封頂的天井裏坐著，有時在幾米厚的圍牆上坐著，天井裏很溫馨很小資，碎裂的藍色馬塞克地坪，光滑清涼，細細碎碎聊天，牛肉煲仔和酸榨果汁，加上一杯紅酒；圍牆上很文化很爽氣，看南京路北段的街上的車輛來去，看對面街邊的紅綠男女，街上的世俗近在咫尺，高牆上雅致濃得化不開，普洱和鐵觀音，宜興茶壺和撇口瓷杯，從茶道談到文學，高聲朗誦古往今來詩詞歌賦，一時間，氣勢傲王侯。

茶喝完了，沿鐵樓梯走下圍牆，埋單拜拜，走出吳家花園，出大門左轉，朝長江方向前行數百米，南京北路和中山大道快要相交處，街邊的香辣蝦火鍋餐廳名氣大遍武漢三鎮，兩紮冰啤，四人圍桌，消磨一個今夜。

武漢國民政府辦公舊址（南洋兄弟煙草大樓）

南洋大樓：漢口中山大道七一二號，南洋華僑簡照南，簡照強兄弟於一九一七年投資興建，一九二一年建成。美國漢明（HENMING）建築師和伯克利（BERKLEY）土木工程師共同設計，漢合順、李麗記二營造廠承建，一九一七年動工，一九二一年落成。

整棟樓呈不規則多邊形平面，率先採用鋼筋混凝土建構，樓內設電梯間。

占地面積八百八十五平方米，建築面積四千七百四十五平方米，大樓主體為五層框架結構，內牆為鋼筋混凝土，樑柱框架承重。每層的框架內空高達三米以上，簷高二十二，最高處三十米，外牆（磚砌）厚度三十六至六十釐米。

為漢口西式建築現代派開端，但是在局部或細部保留古典主義風格。

正立面部分花崗岩裝飾，灰色水洗麻石直鋪直頂，線腳飾細膩雕花。樓頂建迴廊、穹頂、拱門、鐘樓造型狀陽臺。臨街立面造型平直簡潔，陽臺和凸窗的點綴，淡化這幢鐵灰色大廈給人太過嚴竣的感覺。也許大樓的主人當初的意願就是想建造一座堅固宏偉方正規矩的現代堡壘，如果是那樣的話，他們的願望算是達到了。

這座大樓是南洋煙草有限公司所在地，並不是湖北武漢本土官商修築的大樓。屋主，簡氏兄弟，廣東佛山人，旅日華僑。一九〇五年創辦南洋兄弟煙草公司，一九一七年，在漢口中山大道六渡橋（「六渡橋」在漢口，是一個較大的城區的統稱），民生路與民族路之間的鬧市中心，投巨資興建大樓。

至今，賢樂巷二十九號的牆腳，還留存刻有「中國南洋兄弟煙草有限公司地」的石碑，大樓底層的側面也有石刻墨填的指書大字「南樣煙草公司」。

大樓建成，南洋公司自用，下面幾層為辦公室，上面幾層為高檔飯店。

一九二六年九月，北伐軍佔領漢口，同年十二月，國民黨中央黨部和國民政府由廣州遷來武漢，簡氏兄弟邀請，南洋大樓第三層成為武漢國民政府辦公處，「黨政臨時聯席會議」也設在此樓，進出的都是國民黨和共產黨元老級人物：汪精衛（汪兆銘）、徐謙、譚

漢口南洋大樓，即武漢國民政府辦公地

延闓、孫科、宋子文、陳友仁、吳玉章、宋慶齡、董必武、王法勤、唐生智、于樹德、柏文蔚、蔣作賓、詹大悲等。

一九二七年三月十日至十七日，國民黨二屆三中全會在這裏召開。

從一九二六年十二月，至一九二七年九月，武漢國民政府在這幢大樓裏辦公九個月。

一九三八年後，武漢淪陷期間，南洋煙廠遷到重慶營業，漢口的生產完全停頓，位於礄口仁壽路的廠房和南洋大樓均被日軍佔用，直至抗戰勝利後才得以收回。

一九四九年，南洋煙草公司漢口分公司為武漢市人民政府接管，其業務遷至礄口煙廠內合併辦公，改名為「武漢捲煙廠」。

確切地說：一九四九年後武漢捲煙廠，與一九四九年前的南洋煙草公司，無論是管理從屬還是業務聯繫，彼此之間都沒有絲毫關係，至於一九四九年後的改組，那就由不得南洋煙草公司了。

一九四九年後，南洋大樓底層一直作為商場使用，上面幾層為武漢捲煙廠職工宿舍。

一九八六年，有關單位全面維修裝飾一新，開設商場、飯店和歌舞廳。

一九五九年，武漢市政府定南洋大樓為武漢市文物保護單位。

一九九六年十一月二十日，國務院公佈為全國重點文物保護單位。

中共「五大」開幕式舊址

武昌都府堤二十號，今江漢大學武昌分部，原來是武昌高師附小（張之洞時期新學之一），一九二七年改為武昌第一小學。

都府堤是武昌古城的一條老街，南北向，離長江很近，和解放路（舊名長街）相通。清代，築江堤於都督府衙門之外，名叫都府堤，後來堤變成街，地名不變。清末年民國初年，這一帶是個十分安靜清幽的地方，小街兩邊多是商埠和民宅，地道的古民居，高牆天井院落，中上流社會的人家。

張之洞督鄂，興辦新學，改中式教育為西式教育，選在這個地段辦起兩個學堂，一個是北路學堂（都府堤頂端的武昌農運講習所舊址），一個是武昌高師，存留下來，記錄一段歷史，文化史和建築史，也是城市發展史。

一九一八年，武昌高師建校，校園內的校舍全部是中西式磚木結構樓，中式風格為主，只有校門地道西式，歐洲古典風格，灰色磚牆，立面寬闊高大，山花頂，頂上雕花，兩側女兒牆，上下貼牆方柱，雕花柱頭，拱券大門，左右上空懸鐵花小陽臺，其實是個裝飾。

臨街二層樓房，坐西朝東，占地六百七十三平方米，辦公室和宿舍，廊下朱紅木柱下墊石基，二樓朱紅欄杆，木柱間隔支撐，白牆灰瓦，潔淨素樸。

園內另有平房八間，散佈在茂密的竹樹和茂盛的叢草之間，灰磚長廊，拱形門洞，朱漆木柱，白石柱基。

操場對面也是一幢二層樓房，和這邊樓房相對，黑瓦頂，灰磚牆，暗紅色木柱木欄，遠遠望去，更顯古舊悠然。

進門左側一方黑色的大理石，上刻這裏的歷史。旁邊一棵老樹，樹枝上懸只銅鐘，敲鐘作息，農耕時代的傳喚訊息，和這所老院子一起，保存到今天。

一九二七年四月二十七日，中國共產黨第五次全國代表大會借這裏舉行開

武昌高師附小故址

幕式；同年五月十日，中國共產主義青年團「四大」也借此地召開。

一九二二年秋至一九二三年春，一九二四年夏至一九二七年夏，中共湖北地區黨組織負責人陳潭秋來到這個學校擔任教員，住宿就在這校內，一邊教課一邊作地下工作。

中共武漢區委機關舊址

武昌黃土坡二十七號，中共老黨員黃負生的私人住所，也就是武漢市著名文化人黃鐵的家，一九八〇年被拆毀。

具體位置在武昌首義路長湖南村，黃土坡這個地名今已不存。

黃土坡在武昌古城的西南，和城中心隔一點距離，清末年，街兩旁全是古民居，如前所述，商埠樓和單純的居屋，也有酒館和茶館，很濃的市井味道。

這個地名的名氣源於清末。

湖北新軍二一混成協司令部駐紮此地；共進會和文學社聚黃土坡雄楚樓共謀舉義大計。一九一一年十月十日，工程八營槍聲一響，八鎮十六協三十一標和四十一標從黃土坡兵營沖出，會合起義，攻佔楚望台和中和門，攻下湖廣總督府。

武昌光復之後，起義軍在黃土坡劉宅找到躲藏的黎元洪，請到閱馬場湖北省諮議局大樓（即紅樓）舉持領導工作。

辛亥革命勝利，黃土坡記錄進歷史。

黃土坡二十七號，是一幢中式小樓，磚木結構，式樣簡樸，烏瓦白牆，木門，青石門框，兩層，一層會客，二層住家。

黃負生夫妻租住這裏，表面上是私宅，暗底是中共武漢區委機關辦公地，地下黨人偽裝成宅主的親友來來往往，有時一住數月，因為是獨門獨戶，並不驚擾街鄰，所以也無人生疑，再說，在過去的年月裏，親戚好友來家借住是順理成章的事。

黃負生，曾經在武昌中華大學任教，文人，中共第一批黨員之一，中共武漢區委宣傳員，兼《武漢星期評論》（中共機關報）主編。

一九二二年，毛澤東從湖南去上海，途經武漢，在黃土坡二十七號住了半個月，和黃負生一家相處和睦。

毛澤東說：「湖南有個蔡和森，湖北有個黃負生。」

惲代英，武昌中華大學畢業，中共黨員，《武漢星期評論》的創辦者兼主筆，和黃負生是師生又是戰友，在一起工作整整兩年。

著名的共產黨革命人項英、施洋、林育英，李求實，當年在黃宅，宣誓加入中國共產黨。

一九二〇年至一九二二年，中國共產黨在武漢的活動轟轟烈烈，黃土坡二十七號是一個燃起火種的基地。

一九二二年四月，黃負生病逝，年僅三十一歲，將一雙子女託付給中共領導人陳潭秋。

黃負生的女兒黃鐵，我父親的朋友，我叫她黃鐵阿姨，年輕時在延安魯藝學習，後來在湖北大洪山解放區辦報，當時（一九四八年）我父親是她下級。一九四九年後在武漢，我父親也算是她的下級，和一些人不同的是，她一直當我父親是朋友，即使在最艱難的歲月。

上世紀六〇年代，黃鐵阿姨和另兩位詩人去雲南採風，把撒尼族民間傳說長歌《阿詩瑪》帶出雲南整理成長篇詩歌發表出版，從此《阿詩瑪》的故事流傳到海內外。

我的父親去世多年，黃鐵阿姨健在，很好很溫和的一位老人，思維非常清晰，只是覺得她很孤獨。

漢皋解珮胡蘭成

李安的《色戒》讓張愛玲和胡蘭成的戀情又被人拿出來炒得不可開交，據說是張在胡那裏聽說了中統女子鄭蘋如刺殺漢奸丁默村功敗垂成一事，所以才有了小說《色戒》。由此追根尋源，認為張的小說志在為自己與胡蘭成的交往演繹一個「說辭」云云。總之，影片《色戒》給予觀眾的誘惑力，遠遠超出影片的本身，張愛玲和胡蘭成的一段亂世情緣，也就成為人們「今生今世」一個扯不斷的話題。

漢口江漢路《大楚報》故址

曾經有朋友推薦《今生今世》和《山河歲月》兩部書，說：先前只知道張愛玲的文字好看，今天才知道胡蘭成的文字也是非同凡響，其「知識」和「見地」更是在張之上，怪不得被張「青睞」……

這話，我信，但是，直到今天也沒買胡蘭成的書，對這人的印象實在是好不起來，因為眾所周知的原因。

即便如此，終究沒能躲脫他的文字。

去年和出版社約定，寫老武漢的故事，翻故紙堆，挖掘半個世紀、一個世紀以前的「陳年往事」。在文史資料中讀到這樣的記錄：武漢淪陷之後，胡蘭成在武漢待過一段不算短的時間。後來，又在網上零零星星搜到一些相關記載：胡蘭成將他在武漢的經歷，寫成了一部篇章浩繁的書——《武漢記》——曾經，他拿書稿給張愛玲看，張看了一部分就說看不下去……

《武漢記》到底是一部什麼樣的書？巨大的篇幅都寫了一些什麼？為什麼張愛玲不願意看完？等等的這些疑問，都讓我對胡蘭成這個人和他這部書生出興趣。

關於武漢這個城市的過去，一直以來，寫的人不多。一九四九年以前，中國的文化人多數聚集在上海和北京，那兩個城市寫的人多，從我小起，一直在中國現當代文學中關注別人的城市，而自己的出生地武漢，因為少有人寫，所以到頭來連我們自己也懶得去關注了。也不是完全沒有人寫，例如郭沫若的傳記三部曲，例如李六如的紀實傳體小說，等等，都有提到過。不過，武漢，在其中（在這類書中），只是他們過往匆匆的「驛站」，對於這個城市的本身，寫者並不太多著墨，除了胡蘭成。

事實上，胡蘭成在武漢，也是一個「過客」，只是，他這個「過客」與旁人不同。

一九三九年，胡蘭成投靠汪偽政府；一九四二年，因為國際戰事的觀點不一，與汪精衛產生嫌隙；一九四三年，被汪精衛下令拘捕；一九四四年出獄，二月認識張愛玲，八月與張愛玲結婚，十一月來到武漢，在漢陽認識護士小周；一九四五年五月與小周結婚；一九四五年九月離開武漢去南京；一九四六年在溫州撰寫《武漢記》；一九四七年七月與張愛玲絕決；一九五〇年離開中國大陸去香港……

這份「胡蘭成年表」，記載了胡蘭成在武漢居留的時間，僅只九個月，而此前，他在江浙、在上海生活了四十年——五十萬字的《武漢記》自然讓人們認為，他在武漢的這九個月對於他的人生的「重要」，起碼，他自己是這麼認為的。於是，有人把這部書的內容概括為「胡蘭成和周訓德的羅曼史」，由此解讀張愛玲當年之所以對這部書稿的「拒絕」——我認為，這個「概括」很片面，說這話的人對胡蘭成這類從鄉間走出來的中國舊文人缺乏基本的瞭解。在男權制「猖獗」的我們這個國度，但凡是一個有才學有志向的男人，都不會拿身邊的女人當一回事，即使是張愛玲這般孤絕的奇女子又如何？何況是周訓德那樣無知無識的小女人？值得他胡蘭成潑灑五十萬字的墨？想來都可笑。

我猜：胡蘭成的《武漢記》，其間的「濃墨重彩」只會落在他自己身上，以他自己的人生滄桑為書寫主體，即使是寫女人，這女人也只會是文字中的點綴，落寞文人身邊涼薄的一片襯托。在這部厚書稿裏，他會寫他的一生，用倒敘的手法，從他的出生地一點點地寫起，寫他從鄉間到城市，讀書，做事，立志和做人。會寫他因何走到現今的這一條被人唾罵的路，他一定會為自己辯護，說出好多道理來。會寫他和汪精衛的決裂，和日本文人的親和，過程及因果。會寫他和張愛玲的相識，由此展示他的文學上的才氣。然後才寫他是如何來武漢，如何接手《大楚報》，寫武漢三鎮的風光景觀歷史人物，寫漢口、寫漢陽，寫他如何在這個空襲警報悠長淒厲的戰爭城市驚驚惶惶地度日，如何挽住一個比自己年輕二十三歲的漢陽小女子借她青春的肉身來安撫自己暗淡冰涼的靈魂和身體。其實，我認為，他最想寫的是他的抱負和野心，之中自然要涉及那一場波及世界及中國的戰事，歐洲和美洲，英國和美國。中國國內，他自然要涉及日本人、重慶政府、延安政府，還有汪精衛政權，他會大談他對時局和政局的看法，視自己為統觀天下、統攬大局的奇才異士。其間，絲絲縷縷，綿延不絕的是他「生不逢時」的歎息。

回憶與聯想，敘說與議論，家與國，人與事，思與行，在他文字中，都會翩翩然地出演，而武漢這一座淪陷之城，則是這一切言說的「大背景」——時代，還有環境，都是。

就這樣，在網上找到《今生今世》和《山河歲月》的一些片章來讀。

因為《武漢記》沒有成書，我只能從《今生今世》的字裏行間瞭解在武漢的胡蘭成，反過來說，也是想從他的文字瞭解過去的武漢，雖然是他一個人的視角，但是，也是一個視角——八年淪陷，不是一個短的時間，作為城市歷史的研究資料，《武漢記》應該說是值得一讀。

一九四四年底，胡蘭成從上海來到武漢，經營日偽刊物《大楚報》，白天，在江漢路勝利街口的報社上班（面對勝利街口左側樓房，一九四九年後改為店鋪至今），晚上乘渡船過漢水，在漢陽縣醫院住宿。這段時間，他和小周兩個人，遊歸元寺、遊古琴台、遊鸚鵡洲，從長江邊玩到漢水邊，這些，都記入了《今生今世．漢皋解珮》。這一篇章標題，用的是《列仙傳》裏的典故，比喻他漢水之畔的戀情——這裏，我們就不「糾纏」他和張愛玲分開兩地「才只多久」這樣的問題了——在這個篇章中，他將一九四四年冬天，和一九四五年春天、夏天的漢陽，描摹得如同世外仙源，例如下面句子：

「漢水本來碧清，與長江會合，好像女子投奔男人」；
「窗外長江接天，一片光明空闊」；
「先到月牙湖坐小船，撐入荷花深處，船舷與水面這樣近，荷花荷葉與人這樣近」；
「店堂外漢陽石板鋪的街道，滿是太陽，店堂裏即陰涼疏朗」……

拋開他一生的是非來看他的文字，只能說，漢陽這一地的山川景物，種種的好處，都叫他寫得盡了，自他以後，再也沒有第二個人有如此的筆墨來描寫武漢。

有人據此質疑：淪陷之地，戰亂之時，哪來如此的良辰美景？豈不是在為日本佔領軍開脫？

「取景框」原理，很簡單的解釋——胡蘭成的筆下，戰爭的恐慌也有，一九四四年十二月美空軍對漢口的「報復性」大轟炸，他詳細地敘述了在漢口鐵路邊遭遇的飛機投彈（文字間我注意到了他的「驚駭」，不光是他面前的死亡，還有即將來臨的戰後審判）。而與漢口一水之隔的漢陽，他所看到的「田園風光」可能是真的，戰爭的雙方，硝煙炮火中的一片小小的間隙地，這樣的情況也不是沒有——《今生今世》中，他很著意描寫這一點，例如古琴台聽書、歸元寺數羅漢、漢陽居民過年等等——他想漢陽，是亂世人的一處

漢陽古琴台

蔭庇居所，與世界疏離，這一方的江山和美人、荷香和月色，都供他一時片刻休憩，於是就有這樣的文字，忘乎所以的「閒情」「逸致」，只是心底悽惶不時地湧起，想掩飾都掩飾不住。

但是，令我感興趣的，卻是胡蘭成在漢陽顯正街天主堂的公開演講，時間，一九四五年一月，七個月後，日本戰敗。

顯正街是漢陽龜山腳下的一條古老的小街，當年曾經很熱鬧，青石板鋪路，街邊木門木樓的商埠和青瓦白牆的民居，一九二一年，義大利高隆龐傳教會來華傳教士愛德華·高爾文主教在街邊修建天主堂，教內稱高隆龐堂，因為位於當年漢陽西城門，民間也稱西門天主堂，一座巴西利亞風格與哥特風格混合的建築物，高高聳立在街邊石質臺階之上。

那一年，胡蘭成在這座天主堂，發表亡國論演講，連續三天，題目是：延安政府往何處去？南京政府往何處去？重慶政府往何處去？講稿內容依次在漢口報紙刊載——這是胡蘭成來武漢之後唯一一次聲勢很大的舉動，給我的感覺是「這人有點瘋」——是他個人突發奇想，還是另外有人安排？我不得而知，一九五九年出版的《今生今世》裏他絲毫不提這事，一九四六年寫成的《武漢記》中他也許提到過。

二〇〇六年，我來到漢陽顯正街，石板路換成水泥路，木構架的老宅子沒有了，沿街是簡陋的水泥磚瓦房。找到高隆龐教堂，石質的建築漂亮得令人驚訝，兩座似乎在繼續上升的鐘樓，太陽西斜，光照搖落如夢，簡直是巴黎聖母院的縮小版本，真不敢相信在漢陽舊城區隱藏著這麼美的一幢建築物。

在空曠明淨的大廳裏，和年輕的修女輕聲交談，聽她講述教堂創建者高爾文主教的傳奇故事，靠牆正中的講壇旁邊，立著主保聖高隆龐的彩色塑像……

想起六十年前在此地演講的胡蘭成，猜測他當時也許是一種故作的高亢狂妄姿態，他說過，與汪精衛的失和與池田篤紀等人的交好，使自己今後更沒有「退步之途」——當他在漢陽天主堂「慷慨陳辭」的時候，他的內心其實是淒涼恐懼的，他是一個太過聰明的人，自從日本向英美宣戰的那一日起，他已經料到他今後的窮途和末路。

關於他這個人，很多的疑問都有可能在《武漢記》這整本書中找到答案，可惜此書至今也沒見出版，推測分為幾個部分成為後來我們所知道胡氏的幾本名聞海內外的著作，其中自然包括《今生今世》和《山河歲月》。

想當年，胡蘭成在溫州斯家的小樓之上，五十萬文字洋洋灑灑，撰寫武漢的「山河歲月」，那是他「今生今世」的轉折，所有的他曾經有過的幻想（狂妄的、溫柔的，飛揚跋扈的、花團錦簇的）都在這個城市裏毀滅了。武漢，是橫亙他命中的一塊石，異鄉的孤旅，戰亂的生死，停留在他的記憶裏，一天等於一千天。

漢陽琴台大劇院

國民黨政治部第三廳舊址

國民黨政治部三廳舊址位於曇華林武漢市第十四中學校園內。

從螃蟹岬大路轉彎朝曇華林小街裏邊走，身子右側是十四中校園，寬闊的操場，立著一幢與其他校舍式樣不合的宅子，中不中西不西的樣子，這就是國民黨政治部三廳舊址，嚴格地來說只是國民黨政治部三廳曾經待過的一個地方而已。

一九三七年，南京國民政府西遷到武漢，建立了一個宣傳機構主持抗日宣傳行動，即國民黨政治部三廳，一九三八年四月一日正式成立，郭沫若任廳長，辦公地點就設在這一幢老房子裏，當時這一片房舍院落屬湖北省立第一中學，此前是張之洞興辦新學之一，湖北省甲科工業學校校舍（現武漢科技大學前身）。

「三廳」下轄四支宣傳隊、十支抗敵演劇隊、一支孩子劇團和一支漫畫宣傳隊，一共兩千人；此外還有常駐漢口的電影製片廠加上五個電影放映隊，真是一個相當龐大的單位團體。

當年，中國共產黨在三廳建立中共特別支部和領導幹部黨小組，三廳下屬的宣傳團隊中，有很多年輕人都是共產黨員。

統一領導，「各自為政」，每一團隊都有自主工作能力，不僅在武漢三鎮，而且到周邊鄉縣農村，熱血青年，慷慨激昂，歌唱、舞蹈、演劇、放映電影，團結聚集於武漢的文化人，喚起更多民眾，萬眾一心，投入到抗戰的洪流中去。

老房子位於校內東南角，占地兩百平方米，坐北朝南，背倚鳳凰山（曇華林東北面一座長條形小山），中西結合式建築，磚木結構，頂上坡瓦，二層樓，白牆、紅瓦、木樓梯、木圍欄，長排分隔的房間（教室），一道通廊，標準校舍建築，曾經是郭沫若居住和辦公的地方。

很特別的是，上到二層的這一段樓梯，和現今類似房舍的樓梯構築得不同，安置在房屋的側面，木質樓板通高斜上，沒有彎轉，上面覆瓦遮蓋，非常有趣的建築樣式。

老宅右側（即東側）不遠處是一間大禮堂，抗敵演劇隊曾在裏邊舞臺（講臺）上演出，周恩來來過這裏作報告

一九四九年，湖北省立第一中學改為武漢市第十四中學，老房子在校園內保存完好。

漢口江濱防洪紀念碑

一九五四年六月和七月，大雨連綿不絕，長江兩岸雨雲停滯不去。

六月二十五日，武漢關水位突破二十六點三零米警戒線。八月十八日，武漢關水位上漲至二十九點七三米，超出一九三一年最高洪水水位一點四五米，為有水文紀錄以來的歷史最高值。洪峰以每秒七萬六千一百立米流量沖過武漢市，是黃河、淮河、海河總流量的十倍。

一九四九年後，武漢城區長江江岸加高加固堤防，一九五三年，荊江

漢口長江邊防洪紀念碑

分洪工程區建成，但是一九五四年的洪水太過兇險，不可忽視也不敢忽視，漢口城區已現積水，例如勝利街，積水已至膝蓋以上，大雨傾瀉，晝夜不歇，天色陰黑，不見陽光。

記得大人們都在江堤上搶險，幹部，工人，學生，最多的是解放軍官兵——湖北省參加抗洪的軍人三百八十五萬，武漢三十萬——那一段時間裏，省裏市里的領導幾乎每天都要上堤。

洪水浩大，三個月才退下去，武漢人堅持抗洪一百天，加固堤防，市內排澇，城周巡堤，軍隊和老百姓，齊心合力，擋住長江特大洪水，保住武漢不受危害。

一九六九年，在漢口濱江公園江堤上（今江灘公園），建防洪紀念碑，紀念一九五四年抗洪勝利。具體位置在沿江大道一元路口正對的江堤。

占地一千一百六十平方米，台基高四點九米，碑身高三十七米，碑頂紅星直徑一點八米。

碑身正面為白色大理石，鋁板鍍金底面鐫制毛澤東題詞：「慶祝武漢人民戰勝了一九五四年的洪水，還要準備戰勝今後可能發生的同樣嚴重的洪水。」題詞上部鑲嵌毛澤東頭像。

基座正面鐫刻毛澤東詞《水調歌頭・游泳》，左右側面是武漢人民抗洪搶險的大型浮雕。

毛澤東和梅嶺一號

先前的人去東湖玩，走黃鸝灣，東湖賓館建在湖邊一個緩緩的山坡上，磚砌圍牆，進去朝裏走，沿湖綿延數裏，穿入湖區深處，長長一條湖心路，走入一處大花園，這就是著名的梅嶺，枝繁葉茂的大樹間，幾棟式樣樸素的磚砌小樓，明亮的玻璃窗開向湖面，梅嶺一號、梅嶺三號、梅嶺五號和南山甲所，環境幽靜，格調典雅，景觀好，遠處湖光山色，近處花木森森。

一九五三年二月十六日，毛澤東來武漢，第一次到湖北視察工作，這一年，離他在武漢參加「八．七會議」的一九二七年，已經很多年了。

這一天，毛澤東住進武昌東湖旁邊的梅嶺一號，從此，他每年都要來武漢，每年都要來東湖賓館。

從一九六〇年到一九七四年，十四年內，毛澤東每到武漢，必定住在東湖賓館內的梅嶺一號，前後下榻共四十四次之多，東湖賓館因此被稱為「湖北的中南海」和「第二中南海」，一九九三年對外開放。

東湖邊的「梅嶺一號」，掩映湖濱的綠葉交織的叢林之中，地勢略高，緩坡上遍植梅樹，每年初春，梅花盛開，輕紅粉白，暗香浮動，花瓣簇擁如雪，所以稱為「梅嶺」。

館舍由梅嶺一、二、三號樓組成，並不是華麗富貴的建築，看來很樸素的樣子，青磚白牆素瓦，和風光綺旎的湖光山色配置的非常默契。

半月形的「梅嶺一號」樓，當年配套設施十分完善，安裝空調和暖氣，可以抗禦武漢市冬冷夏熱的氣候，「梅嶺三號」配有室內恒溫游泳池，游泳是毛澤東最喜愛的運動了。

梅嶺三面臨湖，室內開窗，大片湖水似乎近在眉睫，長長的柳枝垂

武昌東湖梅嶺毛澤東別墅

下，湖面泛起波紋，幾隻白色的鷗鳥飛過，天和水都靜默無語——這樣一種天然的風景，可能只有武漢獨有。

一九五六年這一年，毛澤東從北京南下，先到廣州，再從廣州往北走，到湖北長沙。五月三十日，在長沙湘江游泳，然後到武漢。主要是向有關專家瞭解三峽工程的設計和經費預算。這一年，長江大橋正在施工，清晨，毛澤東乘坐「武康號」輪船，穿行在大橋的橋墩之間。就在這一天，他提出到長江游泳，這年他六十三歲。那一天，他遊了三十幾里（華里），從大橋底下一直順江水游到徐家棚，青山武鋼那一段江面。

武漢市公安局長謝滋群說：「毛主席游泳的興趣來了，他的精力真的是好！」謝滋群回憶說：「一九五六年後，他老人家每年都要來武漢長江遊幾次，我的記憶，應該有四十二次。」

毛澤東說：「長江是一個不花錢的游泳池。打個比喻，人民就像水一樣，各級領導幹部就像是游泳的人，你不要離開水，要順著水遊，不要逆著水遊。」

當天，從長江游泳回來，毛澤東回到東湖梅嶺，他的情緒很高，東湖聽濤酒家的特級廚師楊純清做的菜，清蒸武昌魚、燒魚塊、回鍋豬肉、炒青菜、榨菜肉絲湯。那天晚上，毛澤東喝了一小杯茅臺酒，一盤武昌魚吃光了，誇獎楊師傅的武昌魚做得好，說到關於武昌魚的諸多典故，吟出唐代詩人岑參的詩句：「秋來倍憶武昌魚，夢魂只在巴陵道」，然後又乘興吟出自己剛想出的詩句：「才飲長沙水，又食武昌魚，萬里長江橫渡，極目楚天舒……」

一九五八年三月至十二月，毛澤東多次來武漢，在東湖邊接見朝鮮國家主席金日成以及其他國際友人，這一年，他在這裏，處理日常事務，聽取彙報，簽定文檔，次及外事接見等。

這一年，毛澤東先後兩次從武昌過漢口，在漢口惠濟路的老通城分店吃著名湖北地方小吃三鮮豆皮，他說，「豆皮是湖北的風味，要保持下去。」

一九五九年，毛澤東在東湖梅嶺1號給各省、市、區黨委第一書記寫了《關於召開縣的五級幹部大會和人民公社第一次社員代表大會問題》的黨內通訊。

一九六〇年，毛澤東第十一次到武漢東湖的時候，召集王任重、王延春和部分地委書記座談人民公社問題。

一九六一年九月，毛澤東在東湖的梅嶺1號會見英國元帥蒙哥馬利，當天，兩人共進晚餐。一九六九年，毛澤東十月份來武漢，直住到第二年的四月才離開，

在梅嶺居住半年期間，他親自栽下了從東湖對岸珞珈山武漢大學移來的油松，並且建議在梅嶺一、二、三號樓前的荒地上栽種橘樹，如今，東湖岸邊的橘樹已經長成橘林。

一九七四年八月，毛澤東最後一次來武漢來到東湖，至此，在二十一年的時間之中，他在這裏生活工作將近四百天。

這一年的十月四日，毛澤東在梅嶺一號，讓人撥通北京的電話，提議由鄧小平出任國務院第一副總理。這是他在武漢做出的最後一個關係到中國命運的重要決定。

一九七四年十月十二日，他離開武漢，從此，再也沒回來。

釀文學48　PE0015

繁華滄桑大武漢・歷史文化篇

作　　者　胡榴明
主　　編　蔡登山
責任編輯　林千惠
圖文排版　邱瀞誼
封面設計　陳佩蓉
攝　　影　胡西雷

出版策劃　釀出版
製作發行　秀威資訊科技股份有限公司
114 台北市內湖區瑞光路76巷65號1樓
電話：+886-2-2796-3638　傳真：+886-2-2796-1377
服務信箱：service@showwe.com.tw
http://www.showwe.com.tw
郵政劃撥　19563868　戶名：秀威資訊科技股份有限公司
展售門市　國家書店【松江門市】
104 台北市中山區松江路209號1樓
電話：+886-2-2518-0207　傳真：+886-2-2518-0778
網路訂購　秀威網路書店：http://www.bodbooks.com.tw
國家網路書店：http://www.govbooks.com.tw
法律顧問　毛國樑　律師
總 經 銷　聯合發行股份有限公司
231新北市新店區寶橋路235巷6弄6號4F
電話：+886-2-2917-8022　傳真：+886-2-2915-6275

出版日期　2012年1月　BOD一版
定　　價　230元

Printed in Taiwan

國家圖書館出版品預行編目

繁華滄桑大武漢. 歷史文化篇 / 胡榴明著. -- 一版. --
臺北市：釀出版, 2012.01
面； 公分. --（生活風格類 ; PE0015）
BOD版
ISBN 978-986-6095-62-7（平裝）

1. 歷史 2. 文化 3. 文集 4. 湖北省武漢市

672.59/123.2 100022144